Umschlaggestaltung:
Werbeagentur Rypka GmbH, 8143 Dobl/Graz, www.rypka.at
Titelbild: Stephan Friesinger, Graz
Bildnachweis: Die Bilder und Grafiken wurden dem Verlag freundlicherweise vom Autor zur Verfügung gestellt.

Bibliografische Information der Deutschen Nationalbibliothek
Die Deutsche Nationalbibliothek verzeichnet diese Publikation in der Deutschen Nationalbibliografie; detaillierte bibliografische Daten sind im Internet über http://dnb.d-nb.de abrufbar.

Hinweis:
Dieses Buch wurde auf chlorfrei gebleichtem Papier gedruckt. Die zum Schutz vor Verschmutzung verwendete Einschweißfolie ist aus Polyethylen chlor- und schwefelfrei hergestellt. Diese umweltfreundliche Folie verhält sich grundwasserneutral, ist voll recyclingfähig und verbrennt in Müllverbrennungsanlagen völlig ungiftig.

Auf Wunsch senden wir Ihnen gerne kostenlos unser Verlagsverzeichnis zu:
Leopold Stocker Verlag GmbH
Hofgasse 5 / Postfach 438
A-8011 Graz
Tel.: +43 (0)316/82 16 36
Fax: +43 (0)316/83 56 12
E-Mail: stocker-verlag@stocker-verlag.com
www.stocker-verlag.com

ISBN 978-3-7020-1488-9

Layout und Repro: DSR Werbeagentur Rypka GmbH, 8143 Dobl/Graz, www.rypka.at

Inhalt

Vorwort

Liebe Leser und Freunde der Destillation, vielen Dank für Ihr Interesse an dieser hohen Kunst und an meinem Buch. Ich habe hier versucht, in einfachen Worten und anhand anschaulicher Beispiele die Grundlagen der Destillation zu erklären. Das Buch bildet, vom Anfang bis zum Ende gelesen, einen, genau genommen sogar mehrere, zusammenhängende Kreisläufe und erklärt einzelne Destillationsverfahren und Möglichkeiten, wie wir sie im privaten Bereich verwenden können.

Kai Möller beim Schreiben des Buches im Freilandmuseum Fladungen

Auch wenn Sie kein Wasser oder keinen Alkohol brennen wollen, ich würde Ihnen gerne die Lektüre des ganzen Buches empfehlen. Vom Anfang bis zum Ende. Ich weiß zwar, dass es heute eher üblich ist, Bücher nur zum Blättern und Nachschlagen zu verwenden. Dieses Buch soll Ihnen aber eine Erzählung sein und deshalb möchte ich Sie bitten, das Buch von Anfang an zu lesen. Erzählungen beginnen schließlich immer am Anfang und erschließen sich erst im Ganzen.
Lassen Sie sich darauf ein. Sie werden Stück für Stück erfahren, welche Möglichkeiten Sie haben, um mit einfachen Mitteln beachtliche Ergebnisse zu erzielen. Schon auf den ersten Seiten beginnen wir mit der Destillation von Wasser und lernen dabei wichtige Prinzipien und Eigenschaften kennen.

Wir sprechen in diesem Buch von Druck und von Brandgefahr. Ein spannendes Gebiet ist diese Destillation. Voller Abenteuer und Gefahren, wie bei einer aufregenden Geschichte. Ich möchte Sie im Laufe des Buches mit den Risiken, aber auch mit den Freuden des Destillierens bekannt machen. Und ich freue mich, wenn es mir gelingt, Sie dabei noch gut zu unterhalten.

Mein eigentliches Ziel ist es aber, auf unkomplizierte Weise mein Wissen zu vermitteln – das Wissen um die Möglichkeiten der Destillation. Dabei hege ich die Hoffnung, dass, wenn viele Menschen sich für das Destillieren interessieren und vernünftig mit ihrer Destille umgehen, wir es eines Tages schaffen können, die strengen Gesetze etwas aufzuweichen.

Sorgen wir gemeinsam dafür, dass die Destillation als Hobby anerkannt wird und dass das Wissen um die einzelnen Prozesse auch uns Normalbürgern außerhalb der industriellen Anwendungen und Handelsabkommen erhalten bleibt.

Vielen Dank für Ihr Interesse,

Ihr Kai Möller[1]

1 Gerne dürfen Sie Ihre Meinung oder Verbesserungsvorschläge an destillation@destillatio.com schreiben.

„Civilization begins with distillation“

as voranstehende Zitat stammt von dem amerikanischen Schriftsteller William Faulkner. Zivilisation beginnt mit der Destillation! Aber ist das auch wahr?

Um das wirklich klären zu können, müsste man erst einmal feststellen, was genau mit Destillation gemeint ist. Das klingt zunächst einfach und lässt sich in einem Lexikon in einem einzigen Satz ausdrücken. Nach offizieller Definition ist die Destillation „ein thermisches Trennverfahren“. Punkt, aus. Mehr gibt es hier oberflächlich gesehen nicht zu sagen. Unterschiedliche Stoffe mit verschiedenen thermischen Eigenschaften werden durch Erhitzen voneinander getrennt.

Begann unsere Zivilisation mit dem Destillieren?

Manche Stoffe verdampfen beim Aufwärmen schon sehr frühzeitig und bei niedrigen Temperaturen, während andere Inhaltsstoffe erst bei sehr hohen Temperaturen oder gar nicht abdampfen. Beim Destillieren ist es möglich, Inhaltsstoffe, beispielsweise aus einer Flüssigkeit, aufgrund des unterschiedlichen Verhaltens beim Temperaturanstieg voneinander zu trennen oder einzeln abzusondern.

Soweit ich für mein erstes Buch „Destillatio“ recherchieren konnte, werden die Anfänge der Destillation im alten Ägypten, in Mesopotamien, in China und in Indien vermutet und je nach Quelle auf bis zu 5.000 Jahre zurückdatiert. Damals wurden

Abdampfen der Inhalte und einfache Deckeldestillation im Tiegel

mithilfe der Destillation beispielsweise Salz, Pech, Quecksilber, Kampfer oder Ruß hergestellt. Dazu legte man einen Tontopf ins Feuer und verdampfte nach und nach die enthaltene Substanz. Zunächst versuchte man gar nicht erst, die flüchtigeren oder mit dem Dampf aufsteigenden Stoffe zu sammeln, sondern nutzte nur die Rückstände im Tiegel. Das ist ein Verfahren, das wir ganz am Ende des Buches auch selbst verwenden werden, um heilkräftige Salze zu gewinnen.

Irgendwann später verwendete man einen lose sitzenden Deckel über dem Tiegel und kratzte den daran angesammelten Ruß ab.[1] Noch später kam man auf die Idee, auch den am Deckel kondensierenden Dampf zu verwenden, indem man ihn mit einer Feder vom Deckel abstrich und auf diese Weise mühselig einzelne Tropfen einsammelte. Spätestens hier müsste man von einer echten Destillation sprechen, auch wenn die Verfahrensweise noch sehr umständlich erscheint.

Aus dem alten Griechenland stammen Berichte, nach denen Wolle oder Schwämme in den Dampf gehängt wurden. Diese nahmen die aufsteigende Flüssigkeit auf und konnten dann ausgedrückt werden. Auf diese Weise wurde beispielsweise aus Teer ein Öl zum Einbalsamieren hergestellt – oder trinkbares Wasser für die Seeleute auf dem Meer.

---

1 Das Wort Alkohol *(al-kuhl)* stammt aus dem Arabischen und wurde ursprünglich für ein feines Pulver aus Ruß und Antimon benutzt, welches als Schminke diente.

Der Dampf sättigt die Wolle (oder einen Schwamm). Das Destillat kann ausgedrückt werden.

Diese Methode war immer noch sehr aufwendig, aber hier können wir tatsächlich von einer richtigen Destillation nach heutiger Definition sprechen. Mit einer Jahreszahl belegt ist das erstmalig durch Aristoteles etwa 350 Jahre vor unserer Zeitrechnung. Die Destillation begann folglich tatsächlich schon sehr frühzeitig und ich übernehme das Zitat von William Faulkner deswegen gerne und mit einem leichten inneren Schmunzeln: Die Zivilisation beginnt mit der Destillation!

Ohne Wasser wäre ein Buch über die Destillation kaum vorstellbar. Wasser wird uns als wichtiges Element immer wieder begegnen.

Wasser

Ich möchte dieses Buch über das Destillieren mit der Destillation von Wasser beginnen. Unser Ursprung liegt im Wasser, unser Leben hängt vom Wasser ab. Wir leben auf einem „blauen Planeten" und mit der Destillation des Wassers begann auch die Geschichte der echten Destillation. So wie dieses Buch.
Wasser ist ein einzigartiges Element mit fantastisch vielseitigen Eigenschaften. Einen großen Teil dieser Eigenschaften können wir beim Destillieren kennenlernen. Einen Teil kennen wir auch schon: Wasser wird fest, wenn es friert, und es verdampft, wenn man es erhitzt.

Hier beginnen wir mit der Destillation von Wasser.

Wasser mit seinen unterschiedlichen Erscheinungsformen zwischen fest, flüssig und gasförmig wird uns in diesem Buch immer wieder begegnen. Oftmals gilt es, das Wasser von anderen Substanzen und Inhaltsstoffen abzutrennen. Wir können im Umgang mit Wasser und bei der Destillation von Wasser sehr viel lernen. Wasser eignet sich hervorragend zum Ausprobieren und zum Reinigen einer Destille, aber auch zum Üben und Lernen.

Am besten beginnen wir sofort mit einer ersten Übung, der Herstellung von destilliertem Wasser! Das Gute dabei ist, bei der Destillation von Wasser kommt es nicht auf die Bauweise oder Größe der Destille an, auch nicht auf die Qualität des Wassers. Alles ist einfach und unkompliziert.

Aber stimmt das auch? Ist die Destillation von Wasser wirklich unkompliziert? Wir füllen den Brennkessel einer beliebigen Destille zu drei Vierteln mit Leitungswasser und heizen mit einem möglichst starken Brenner so lange ein, bis das Wasser zu kochen beginnt. Den Dampf fangen wir im Kühler wieder ein. Das ist alles.

Wasser kocht bei 100 °C! Stimmt das denn überhaupt?

Das klingt zunächst wirklich sehr einfach! Aber wir wissen, dass der Siedepunkt bei 100 °C liegt. Wenn wir in der Schule aufgepasst haben, dann wissen wir vielleicht auch noch, dass sich der Siedepunkt mit unterschiedlichem Luftdruck verändern kann. Der Luftdruck ist vom Wetter abhängig und ändert sich zusätzlich noch je nach der Höhenlage, auf der man sich befindet. Diese Änderungen sind so gravierend, dass es in extrem hohen Lagen beispielsweise nicht mehr möglich ist, Wasser ausreichend zu erhitzen, um Bakterien abzutöten oder ein Ei hart zu kochen. Grob gesagt kann man alle 300 Meter Höhe mit etwa 1 °C Temperaturabnahme beim Siedepunkt rechnen. Auf dem Mount Everest liegt der Siedepunkt für Wasser also bei etwa 70 °C. Fazit: Bei den meisten von uns wird Wasser auch nicht bei 100 °C kochen, sondern bei etwas niedrigeren Temperaturen.

Beim Destillieren wird viel von der „richtigen" Temperatur gesprochen. Dabei ist es wichtig zu verstehen, dass diese je nach Wetter und Höhenlage unterschiedlich ausfallen kann, da sich die Siedepunkte verändern, wie wir gesehen haben. Im Zweifelsfalle verlassen Sie sich lieber auf Ihre eigenen Sinne als auf die Anzeigen Ihrer Thermometer, sonst wird es am Ende doch noch kompliziert.

Der Zweck einer Wasserdestillation ist in den meisten Fällen die Reinigung des Wassers. Destilliertes Wasser enthält keine Mineralien, keine Schadstoffe, keine Bakterien. Destilliertes Wasser ist reines Nass, klares H_2O. Sonst nichts.

Wozu destilliertes Wasser?

Die meisten von uns kennen destilliertes Wasser aus der Autobatterie, dem Bügeleisen oder beim Verdünnen von Schnaps. Man verwendet es in der Regel da, wo es darauf ankommt, keine Rückstände zu hinterlassen. Da destilliertes Wasser keine Salze, keinen Kalk und keine Mineralien mehr enthält, kann es beim Verdunsten (z. B. beim Bügeln) auch keine Flecken hinterlassen. Ebenso wenig kann destilliertes Wasser Ablagerungen oder Verkrustungen verursachen, während normales kalk- und mineralhaltiges Wasser durch Ablagerungen unsere Kaffeemaschinen verstopft oder Schnäpse eintrübt. Denken Sie nur an den französischen Anisschnaps Pastis oder an einen Absinth. Geben Sie Wasser dazu, wird der Schnaps sofort milchig und trüb. Hier werden die im Wasser enthaltenen Mineralien mitsamt den ätherischen Ölen aus dem Anis sichtbar. Oder waren Sie schon einmal in einer Tropfsteinhöhle? Man kann dort sehr gut sehen, wie Wasser im Laufe der Jahrhunderte mächtige Felsen und Steine bildet, wenn es nur immer an dieselbe Stelle tropft. Der Unterschied zwischen „normalem" und destilliertem Wasser ist also eindeutig und wir sollten uns dieses Wissen für spätere Kapitel aufheben.

Kann man destilliertes Wasser trinken?

Hier gibt es unterschiedlichste Meinungen und wilde Gerüchte. Manche Leute behaupten, das Trinken von destilliertem Wasser würde den körpereigenen Zellen Mineralien entziehen, und zwar so viel, dass diese platzen, was dann wiederum zu einem schnellen und schmerzhaften Tod führen soll. Glauben Sie das nicht, das ist Blödsinn!

Man verwendet destilliertes Wasser in Entwicklungsländern als sicheres und keimfreies Trinkwasser! In manchen Ländern existieren Bewegungen von gesundheitsbedachten Menschen, die destilliertes Wasser trinken, um den Schadstoffbelastungen im normalen Wasser zu entgehen. Man trinkt destilliertes Wasser, welches man nachträglich wieder künstlich mit Mineralien anreichert. Ich würde Ihnen das Trinken von destilliertem Wasser trotzdem nicht empfehlen. Wie sagt die Werbung einer bekannten Wassermarke? Ein reines Wasser muss durch einen tiefen Stein!

Der Geschmack von Wasser stammt von den darin enthaltenen Salzen und Mineralien. Jedes Wasser schmeckt anders, weil die Zusammensetzung der Inhaltsstoffe völlig unterschiedlich ausfallen kann. Wasser ist außerdem ein wertvoller Lieferant von Mineralien und Spurenelementen, die Ihr Körper benötigt und dankbar aufnimmt. Falls Sie sich dazu entschließen, destilliertes Wasser zu trinken, sollten Sie darauf achten, Ihren Mineralstoffhaushalt durch viel frisches Obst und ausgewogene Ernährung zu regulieren. Tödlich ist das Trinken von destilliertem Wasser jedenfalls nicht.

Zurück zum praktischen Teil der Wasserdestillation!

Zurück zu unserem ersten Versuch. Haben Sie bereits Wasser in den Brennkessel Ihrer Destille gegeben, so dürfte es zwischenzeitlich schon deutlich wärmer geworden sein.

Ist Ihre Destille mit einem Thermometer ausgestattet? Normalerweise sollte das Thermometer einer Destillieranlage möglichst weit oben sitzen und die Dampftemperatur am höchstmöglichen Punkt messen. Zeigt Ihr Thermometer schon etwas an? Nein? Dann machen Sie sich keine Sorgen, das ist normal. Es misst die Dampftemperatur. Und richtig Dampf gibt es erst, wenn der Kesselinhalt den Siedepunkt erreicht, also wenn der Kesselinhalt zu kochen beginnt. Und dann hat es 100 °C (oder je nach Höhenlage und Wetter etwas weniger).

BITTE BEACHTEN SIE:

Je nach Bauart Ihrer Destille (und der Qualität Ihres Thermometers) kann die Temperaturanzeige sehr unterschiedlich ausfallen. Bei kleinen Destillen oder den sogenannten Pot-Still-Destillen (Topfdestillen) und allen anderen Anlagen mit nur wenig Abstand zwischen Kesselinhalt und Messfühler des Thermometers wird die Temperatur sehr wahrscheinlich langsam und ähnlich der Wassertemperatur im Kessel ansteigen. Bei großen Anlagen, hohen Kolonnen oder Refluxdestillen wird das Thermometer zunächst kaum eine Veränderung anzeigen oder nur um wenige Grad ansteigen, um dann mit dem aufsteigenden Dampf sehr schnell nach oben zu klettern. Wenn Sie ein Thermometer an Ihre Destille bauen, dann achten Sie auf eine schnelle Reaktionszeit des Thermometers, damit Sie die Temperatur realistisch und zeitnah ablesen können. Manche Thermometer reagieren erst mit starker Verzögerung.

Lernen Sie Ihre Destille und Ihr Thermometer kennen!

Um wirklich mit einem Thermometer destillieren und einzelne Stoffe genau nach Temperatur abtrennen zu können, müssen Sie Ihr Thermometer und Ihre Destille sehr gut kennen. Gleichzeitig werden Thermometer aber oft überschätzt und sind bei den meisten Destillationen im Hobbybereich völlig unnötig. Vor allem bei der Herstellung von destilliertem Wasser, Hydrolaten oder ätherischen Ölen könnte man auf ein Thermometer komplett verzichten. Aber auch bei der Alkoholdestillation ist ein Thermometer nicht zwingend erforderlich. Entscheiden Sie selbst, ob Sie den alten Alchemisten folgen und lieber nach Verstand, Gefühl und Ihren eigenen Sinnen arbeiten – oder ob Sie sich auf moderne Technik verlassen wollen. Ich würde empfehlen, sich auf die eigenen Sinne zu verlassen und diese beim Destillieren weiter zu schulen, aber sicherheitshalber mit einem guten Destillierthermometer zu kontrollieren.

Kleine Thermometerkunde

Auch wenn ein Thermometer nicht unbedingt nötig ist, ich verspreche Ihnen, die Temperaturen beim Destillieren zu beobachten, ist überaus interessant. Und nicht nur das. Spätestens bei der Alkoholdestillation können Sie das Wissen über die Temperaturen auch anwenden.

Abweichungen am Thermometer?

Noch aber üben wir mit Wasser. Kocht es bereits? Es bietet sich an, Ihr Thermometer jetzt schon richtig kennenzulernen. So können Sie später die Temperaturanzeige besser einschätzen und entsprechend der Anzeige immer richtig handeln. Zeigt Ihr Thermometer 100 °C beim Kochen von Wasser? Oder haben Sie Abweichungen? Dann merken Sie sich den Unterschied. Die Abweichung kann von der Höhenlage kommen, aber auch von einer Ungenauigkeit Ihres Thermometers. Lernen Sie Ihr Thermometer und die Abweichungen kennen, damit Sie mit dem Thermometer auch zu arbeiten verstehen.

Gerne möchte ich zum besseren Verständnis einige grundlegende Wahrheiten über Thermometer verraten. Bei der Destillation unterscheiden wir allgemein zwischen **drei Thermometertypen.** Digitale Thermometer, Glasthermometer und Bimetallthermometer.

Digitale Thermometer

Diese Thermometer könnten je nach Bauart wegen des oftmals gut zu installierenden Messfühlers optimal für den Einsatz in einer Destillieranlage geeignet sein. Bei vielen digitalen Thermometern besteht der Messfühler aus einer schlanken metallischen Spitze, die die Messdaten über ein Kabel zur Anzeige überträgt. Theoretisch wäre so ein Thermometer optimal zu verbauen. Das dünne Kabel lässt sich gut bis an die optimale Stelle verlegen und der ebenso schlanke Messfühler fände auch im kleinsten Geistrohr noch seinen Platz, ohne den durchströmenden Dampf zu behindern.

Leider habe ich noch kein Digitalthermometer gefunden, welches die Temperaturen im Bereich der Destillation genau anzeigt. Der Teufel steckt hier im Detail und es lohnt sich, das Kleingedruckte, nämlich die technischen Daten, genau zu lesen. Viele Thermometer decken hier den falschen Temperaturbereich ab. Beim Destillieren im Hobbybereich ist vor allem der Bereich zwischen 70 °C bis etwas über 100 °C wichtig.

Dazu kommt das Problem mit der zeitlichen Verzögerung. Digitale Thermometer messen die Temperatur in Intervallen, dabei sind zwei Sekunden Zeitverzug keine Seltenheit. Hinzu kommt eine weitere Verzögerung der Datenanzeige (Latenzzeit)

Eine 3-Liter-Pot-Still-Hobbydestille von Ferrari mit einfachem Glasthermometer im Deckel

durch die Kabellänge. Und zwei Sekunden bis zur richtigen Temperaturanzeige sind eine lange Zeitspanne, wenn es darauf ankommt. Wenn Sie beim Destillieren die Temperaturen messen, dann bitte in Echtzeit und nicht erst, wenn es zu spät ist.

Eine abweichende Unterkategorie bei den digitalen Thermometern sind die Messpistolen, mit denen man schnell und relativ genau Oberflächentemperaturen ablesen kann. Diese Pistolen sind sehr gut geeignet, um beispielsweise die Temperatur des Brenners, des Kühlwassers, der Maische oder des Kühlkessels anzuzeigen. Den Dampf im Inneren der Destille kann man damit leider nicht messen.

Glasthermometer

Die zweite Thermometergattung sind die allerorts bekannten Glas- und Laborthermometer, die es in Tausenden von unterschiedlichen Ausführungen und Qualitäten gibt. Möchten Sie ein wirklich genaues Glasthermometer? Dann müssen Sie sich vielleicht trotz der Umweltgefahren mit einem Quecksilberthermometer anfreunden. Die umweltfreundlicheren blauen oder roten Ersatzflüssigkeiten können sich nicht wie das Quecksilber wieder in sich zusammenziehen. Die alternativen

Flüssigkeiten im Inneren der heutigen Thermometer benetzen das Messröhrchen. Mit jeder Ausdehnung nach oben bleiben minimale Anhaftungen wortwörtlich „auf der Strecke“, das Thermometer wird ungenauer. Im Laufe der Zeit können diese Anhaftungen auch antrocknen und zu weiteren Ungenauigkeiten führen. Man nennt diese Thermometerflüssigkeiten deswegen auch selbstbenetzend.

Wenn das Thermometer länger sein darf, werden Ungenauigkeiten geringer ausfallen, weil sich die Messflüssigkeit besser entfalten kann. Deswegen rate ich Ihnen zu einer möglichst langen Variante mit kleinen Messschritten, um Ungenauigkeiten von vornherein zu reduzieren. Speziell für die Destillation gibt es Thermometer, die in 0,2- oder 0,5-Grad-Schritten anzeigen oder auf 70 oder 80 °C kalibriert wurden, um die hohen Temperaturen bei der Destillation genauer anzeigen zu können. Die meisten gewöhnlichen Thermometer werden auf 20 °C kalibriert und zeigen dann im Bereich der Raumtemperatur am genauesten an.

MEIN TIPP

Zahlen Sie lieber ein paar Euro mehr, um ein wirklich gutes Thermometer zu erhalten. Glasthermometer lassen sich bei den meisten Destillen ohne Weiteres austauschen.[1]

Als weitere Alternative wären natürlich echte Labor- und Feinthermometer mit Quecksilberfüllung die beste Wahl. Wichtig ist es aber, die durchaus hohe Gefahr für die Umwelt durch das Quecksilber zu kennen und entsprechend behutsam mit so einem Thermometer umzugehen.
Zerbrechen sollte es nicht, denn abgesehen von den sofort austretenden giftigen Quecksilberdämpfen[2] sind die langfristigen Umweltschäden, die durch Quecksilber hervorgerufen werden, enorm.

Bimetallthermometer

Als dritte Thermometervariante kennen wir im Bereich der Destillation eine Reihe von unterschiedlichen Bimetallthermometern. Diese Thermometer haben den Vorteil einer zumeist intuitiv ablesbaren Skala oder Messuhr. Gemessen wird bei den einfachen Modellen, wie wir sie beispielsweise aus dem Heizungsbau kennen,

---

1 Sie können mit der richtigen Lagerung dazu beitragen, die Lebensspanne und die Anzeigegenauigkeit zu erhöhen. Lagern Sie Ihre Glasthermometer aufrecht stehend bei möglichst gleich bleibender Temperatur.

2 Wie auch beim Zerbrechen einer modernen Energiesparlampe

Destille „Arabia" mit speziellem „Al-Ambik®"-Destilliertermometer im hohen Hut

über eine Feder aus zwei verschiedenen Metallen (Bimetall) mit unterschiedlichen Dehnungseigenschaften bei Temperaturänderungen. Diese mechanische Dehnung bewegt den Zeiger an der Messuhr. Aufgrund der einfachen Konstruktion sind hier Abweichungen von bis zu 10 % keine Seltenheit.

Besser sind die höherwertigen Industriethermometer, bei denen eine dünne Spirale aus zwei Metallen die Temperatur über einen Messfühler an die Anzeige weitergibt. Hier gibt es eine Reihe eigens für die Destillation hergestellte Thermometer, die zuverlässig und schnell ihre Dienste verrichten.

Meistens wird ein Thermometer, je nach späterer Anwendung, auf einen bestimmten Temperaturbereich optimiert, wie wir bereits festgestellt haben.
Ein Thermometer zum Grillen wird höhere Temperaturen genau anzeigen, ein Heizungsthermometer wird bei niedrigeren Temperaturen exakter messen.
In diesem Bereich bestehen enorme Qualitätsunterschiede und wenn Sie sich auf Ihr Thermometer verlassen möchten, sollten Sie darauf achten, dass es bestimmte Spezifikationen, wie beispielsweise die Deutsche Industrienorm, erfüllt.

Letztendlich ist es egal, mit welchem Thermometer Ihre Destille ausgestattet ist, aber Sie sollten es mit allen Vor- und Nachteilen kennen!
Ein Thermometer kann Ihnen eine große Hilfe sein und die Anschaffung lohnt sich alleine schon, um die Zeit bis zum Siedepunkt besser einschätzen zu können. Dann nämlich sollten Sie in der Nähe Ihrer Destille bleiben. Unabhängig davon sind die Temperaturen während einer Destillation auch für erfahrene Alchemisten noch interessant zu beobachten und tragen zu einem tieferen Verständnis der einzelnen Prozesse bei.

Destillieren ist eine Kunst …

Zum Ende der Thermometerkunde möchte ich gerne noch mit einer weitverbreiteten Vorstellung aufräumen. Es ist im Hobbybereich nicht möglich, nur nach Temperatur zu destillieren und dadurch perfekte Ergebnisse zu erzielen. Destillieren ist eine Kunst und jede Destillation verläuft anders. Lernen Sie, Ihren Sinnen, Ihrem Gefühl und Ihrem gesunden Menschenverstand zu vertrauen. Das ist besser als blinder Glaube an eine technische Anleitung in einem Chemiebuch. Wenn Sie mit einer Destille ohne Thermometer arbeiten möchten, ist das auch bei einer Alkoholdestillation ohne Probleme möglich, doch dazu später mehr …

Kocht das Wasser in Ihrer Destille mittlerweile? Dann beginnt die Destillation und hierfür benötigen Sie kein Thermometer. Es dampft oder es dampft nicht, das ist alles. Wir kennen das schon vom Kochen.

Stellen Sie sich einfach einen Teekessel vor, man füllt ihn, stellt ihn auf den Herd, erhitzt den Inhalt und wenn es nach einer Weile endlich pfeift, dann kocht das Wasser und wir brühen den Tee auf.

Das bisschen Dampf, das vorher schon leicht über heißem Wasser aufnebelt, ist nicht stark genug, um den Teekessel zum Pfeifen zu bringen. Ebenso wenig wird es der zarte „Vordampf" durch die Destille in den Kühler schaffen.[3]

Selbst wenn es sich wie bei einer Alkoholdestillation hierbei um schädlichen Vorlauf handelt, der hier schon aufsteigen kann, bis in den Kühler gelangen die Dämpfe erst, wenn es richtig kocht und die Destille je nach Zweck und Bauart zur Trennung auch dieser feinen Dämpfe beitragen kann.

Gut kann man an einem Teekessel erkennen, wie der Dampf aus dem Kessel strömt. Beim Destillieren versuchen wir, diesen Dampf zu sammeln.

Lassen wir den pfeifenden Deckel eines Teekessels weg, können wir sehen, wie der Dampf herausströmt. Beim Destillieren geht es darum, diesen Dampf wieder aufzufangen und zu verflüssigen. Es geht darum, den Zustand vom Gasförmigen ins Flüssige zu wandeln. Dazu wird der heiße Dampf wieder abgekühlt. Halten wir beispielsweise einen kalten Löffel über den Dampf des Teedeckels, kondensieren hier sofort einige Tropfen zu Wasser.

Jeder kennt die Feuchtigkeit, die beim Kochen ohne Deckel entsteht. Beim Destillieren versuchen wir, diese Feuchtigkeit möglichst effektiv und verlustfrei wieder aufzufangen. Das ist alles.

Die ersten Tropfen laufen aus dem Kühler …

Ist Ihre Wasserdestillation so weit? Tropfen für Tropfen sollte Ihr Destillat anfangs aus dem Kühler perlen und kurz darauf zu einem zarten Rinnsal verschmelzen. Ein feines Bächlein, bereinigt von allem Schweren, das vorher noch enthalten war. Hier schließt sich der Kreislauf. Wasser wird wieder zu Wasser. Zu einem reinen, klaren Nass. Befreit von Mineralien, Salzen und anderen schwereren Teilchen. Sie destillieren immer den leichteren oder schneller flüchtigen Teil zuerst ab.

3 Auch wenn wir später bei der Alkoholdestillation durch langsames Aufheizen versuchen werden, diesen „Vordampf" getrennt abzuleiten, weil er die meisten Schadstoffe enthält.

Die wichtigsten Grundformen verschiedener Destillieranlagen

Destillen

Wir haben beim Destillieren bereits einige Jahrhunderte, wenn nicht sogar Jahrtausende, an Erfahrungen sammeln können und entsprechend vielseitig ausgeformte Destillieranlagen zu unterschiedlichen Zwecken entwickelt. Am besten schauen wir uns die Unterschiede zwischen den einzelnen Apparaten und Bauformen zunächst etwas genauer an.

Brennkessel

Die Form der Destille bestimmt das Ergebnis, wobei wir drei wesentliche Bauteile einer Destille unterscheiden. Zuerst benötigen wir einen sogenannten Brennkessel, der aufgrund der besseren Wärmeverteilung oftmals kugelförmig gearbeitet ist und daher auch Brennblase genannt wird. Die Blasenform beugt einem Anbrennen vor, sorgt für die optimale Wärmeverteilung und hilft der Maische im Inneren beim Zirkulieren. Diese Vorteile sollte man nicht unterschätzen, trotzdem kann man heute aufgrund praktischer elektrischer Heizplatten und neuer Fertigungstechniken oftmals auch weitgehend abgeflachte oder zylinderförmige Brennblasen finden. Der Name Brennblase oder Brennkessel bleibt bestehen, selbst wenn es sich um einen einfachen Topf handelt.

Kupfer

Welches Material ist am besten geeignet?

Im Allgemeinen gilt Kupfer als das beste Material für eine Destille. Zum einen natürlich, weil sich Kupfer hervorragend in die perfekte Kugelform dengeln lässt, zum anderen aber auch, weil Kupfer beim Destillieren (und Kochen) noch viele weitere Vorteile aufweist. Im Gegensatz zu den meisten anderen in Frage kommenden Materialien ist Kupfer ein „lebendiges" Material. Damit meine ich, dass es sich beim Aufheizen weiter auseinanderdehnt und beim Abkühlen stärker zusammenzieht als andere Materialien. Kupfer kann daher starke Temperaturschwankungen, wie sie beim Destillieren auftreten, besonders gut verkraften, ohne gleich spröde zu werden oder gar zu zerspringen. Dank der gleichzeitig vorhandenen extrem guten Wärmeleitfähigkeit wird die hohe Temperatur des Brenners beim Aufheizen am Kessel ebenso wie die niedrige Temperatur des Kühlwassers im Kühler schneller verteilt und an das Destillat weitergegeben. Das gleichmäßigere Aufheizen dank der hohen Wärmeleitfähigkeit über eine große Fläche im Kupferkessel beugt einem Anbrennen vor und verstärkt zusätzlich den Schutzeffekt der Kugelform.

Kupfer ist als Material unkompliziert in der Handhabung, antibakteriell, beständig gegen Fruchtsäuren und kann dank seiner katalysatorischen Eigenschaften sogar unangenehm riechende Schwefelverbindungen abbauen. Das ist der Grund, warum zumindest bei der Alkoholdestillation alle Bauteile, die mit dem Dampf in Berührung kommen, aus Kupfer sein sollten. Bei den meisten „modernen" Alkoholdestillen sind daher die Brennblase, der Destillierhut und das Geistrohr immer aus Kupfer, selbst wenn man das Kühlsystem dahinter oft aus Edelstahl fertigt. Edelstahl ist einfacher auf „Hochglanz" zu halten und zu reinigen. Bei selbst gebauten Destillen aus anderen Materialien verwendet man fast immer Kupferrohre über dem Brennkessel, und im Laborbereich kann der Bereich oberhalb des Destillierkolbens mit Kupferwolle befüllt werden, um den gewünschten Katalysatoreffekt zu erzielen.

Kupfer: Antibakterieller Katalysator mit bester Wärmeleitfähigkeit

Selbst ätherische Öle und Hydrolate profitieren von einer Destillation durch Kupfer, da die katalysatorischen Eigenschaften auch hier unangenehme schwefelige Nebenaromen verhindern. Bei der Destillation von Heilmitteln und im „spirituellen" Bereich ist Kupfer ohnehin das einzig denkbare Metall. Kupfer ist nicht magnetisch und verändert daher auch nicht die „feinstofflichen" Schwingungen der Präparate.[4]

Glas

Als weiteres brauchbares Material kennen wir Glas, welches vor allem im Laborbereich gerne verwendet wird und einen sehr großen Vorteil bietet, durch den es fast schon unwiderstehlich attraktiv wird. Es ist durchsichtig! Wir können beim Destillieren zusehen und genau beobachten, was im Inneren unserer Destille passiert. Diese einmalige Eigenschaft lässt uns beim Destillieren über viele der sonst eher negativen Eigenschaften gläserner Destillen hinwegsehen. Ein weiterer Vorteil ist auch

4 Homöopathische Mittel soll man deswegen z. B. immer mit Kunststofflöffeln verabreichen.

Moderne trifft hier auf die Antike. Ein Glaspelikan in moderner Ausführung am Laborstativ (Bild von J. R.)

die Passgenauigkeit der einzelnen Bauteile. Destillen aus dem Laborbereich sind heutzutage allesamt mit genormten Anschlüssen in unterschiedlichen Größen[5] zu bekommen. Passend dazu kann man von verschiedenen Herstellern allerlei Adapter, Stutzen, Hülsen, Stopfen, Verzweigungen etc. kaufen und jede Destille nach Bedarf umbauen, erweitern, anpassen oder nötigenfalls einzelne Bauteile ersetzen. Und da haben wir auch schon die negativen Eigenschaften einer Glasdestille. Glas ist ohne Zweifel zerbrechlich und die Möglichkeit, Bauteile jederzeit ersetzen zu können, ist nicht nur ein Vorteil, sondern leider eine zwingende Notwendigkeit.

Zerbrechliches Glas?

Obwohl Kolben und Gerätschaften heutzutage aus sehr strapazierfähigem Borosilikat-Laborglas hergestellt werden und einiges mehr aushalten, als man denkt, können sie trotzdem zerbrechen. Glas erfordert einen sehr sorgfältigen Umgang, denn billig ist ein neuer Destillierkolben leider nicht! Ein dazu passender, aufwendig konstruierter Laborkühler kostet fast schon ein kleines Vermögen. Es ist in der Tat ärgerlich, wenn man versehentlich einen Zulauf abbricht und „schnell" Ersatz besorgen muss.

5 Gläserne Destillierkolben können winzig klein sein! Schon ein Reagenzglas kann als Minidestille gestöpselt werden. Je nach Hersteller kann eine Glasdestille aber auch weit über 100 Liter fassen!

Eine einfache Retorte (Pelikan) auf offenem Feuer

Einen weiteren Nachteil der Glaskolben stellen die kleinen Einfüllstutzen dar. Falls Sie etwas anderes als „nur" reine Flüssigkeiten destillieren, werden Sie sich sicher schnell mit den Problemen des Befüllens und Entleerens befassen. Oft destillieren wir ja nur „feste" und „kleine" Samen oder Früchte, wie etwa Anis, Fenchel, Nelken oder Wacholder. Das geht noch relativ gut, denn diese kann man mit einem Trichter oder einer improvisierten Schütte aus Karton noch gut einfüllen. Anderes Pflanzenmaterial muss man dagegen vorher stark zerkleinern, um es überhaupt in die Brennblase zu bekommen. Jetzt stellen Sie sich aber vor, was passiert, wenn Sie Wasser dazugeben und das Ganze aufkochen. Viele Pflanzen quellen deutlich auf oder haften feucht aneinander. Die Reste nach der Destillation wieder herauszubekommen, ist eine eigene und oftmals zeitaufwendige Kunst. Wenn etwas anbrennt, dann ist es noch schwieriger. Nicht, weil Glas sich schwer reinigen lassen würde, sondern weil man nicht gut an die verschmutzten Stellen herankommt!

Die Glasdestille: Trotz vieler Nachteile gut, kann man doch beim Destillieren „zusehen"!

Trotzdem – der große Vorteil, sehen zu können, was man destilliert, überwiegt! Ich würde Ihnen als Zweitdestille, zum Destillieren von Flüssigkeiten, zum Beobachten der einzelnen Prozesse und natürlich für alle Experimente im Laborbereich eine Glasdestille empfehlen. Zur Destillation von Alkohol oder ätherischen Ölen aber eher nicht.

Destille aus Ton – mit einem großen Dankeschön an J. R. für das tolle Foto

Ton & Keramik

Irdene Destillen spielen heutzutage keine Rolle mehr und mir ist auch kein Hersteller bekannt. Trotzdem wurden viele der frühen Experimente und Destillationen in irdenen Gefäßen bewerkstelligt. Das Grundmaterial Ton war damals wie heute kostengünstig sowie leicht zu beschaffen und dazu noch überaus hitzebeständig. Erst die Kombination mit gleichzeitiger Kühlung wird bei keramischen Destillen wegen der eher nicht vorhandenen Wärmeleitfähigkeit schwierig bis unmöglich. Es ist auch schwierig, eine irdene Destille größer zu bauen. Vielleicht ist das ja ein Vorteil für den Zoll, weil man nicht so einfach mit einer tönernen Destille zum Geheimbrenner werden kann, aber es stellt einen klaren Nachteil für die Destillateure dar. Man hat auch hier schon sehr früh Einfallsreichtum bewiesen und mehrere kleine Destillen zusammen über einem Ofen aufgebaut[6] (siehe unten). So war es möglich, auf einmal auch größere Mengen in kleinen Retorten zu destillieren. Bis zum Ende des 19. Jahrhunderts wurde derart in mehrstöckigen Öfen mit bis zu 300 Destillierkolben beispielsweise Schwefelsäure (z. B. Nordhäuser Vitriol) hergestellt.

6 Ich frage mich seit Langem, was die Behörden davon halten würden, wenn wir mehrere legale Kleinbrennereien in „Reihe schalten" würden. Wäre das dann noch legal?

Zeichnung eines Galeerenofens, wie er schon ab dem 8. Jahrhundert verwendet wurde.

Wenn Sie aber auf den Spuren der frühen Alchemisten oder sehr naturverbunden destillieren möchten, dann ist Ton vielleicht immer noch das beste Material für Sie. Beim Ausbrennen von Pflanzenrückständen und trockenen Destillationen ist die extrem hohe Temperaturbeständigkeit ein großer Vorteil. Die meisten Abflammschalen, wie wir sie im letzten Kapitel dieses Buches benutzen werden, sind auch heute noch aus Keramik.

Irdene Destillen, die Lösung für naturverbundene Alchemisten?

Aluminium, Eisen, Blech & Stahl

In „einfacheren" Ländern verwendet man oft Brennkessel oder ganze Destillieranlagen aus einfachem Blech. Ich habe Destillen aus lackierten Alt-Autoblechen, aus verzinktem Weißblech, aus umgebauten Dosen und aus gebrauchten Ölfässern gesehen. Bitte achten Sie Ihrer Gesundheit zuliebe darauf, solche Materialien zu vermeiden! Ich würde Ihnen nicht empfehlen, so zu destillieren oder die Destillate über einen längeren Zeitraum zu trinken. Wenn es Ihnen auf Ihr Wohlbefinden und die Qualität Ihrer Destillate ankommt, dann sollten Sie wenigstens nicht selbst mit solchen Anlagen destillieren.

Zuckerrohrschnapsbrennerei aus einem umgebauten Fass auf Galapagos (Bild von Walter Fey)

Besser geeignet ist Edelstahl, hier muss man wenigstens nicht mit „Vergiftungserscheinungen“ durch das Material der Destille rechnen. Im professionellen Bereich sind Edelstahldestillen aus bereits genannten Gründen eher selten, obwohl in der Pharmaindustrie bei der Herstellung von Heilmitteln aus Hygienegründen doch gerne zu Edelstahl gegriffen wird.

Als Hobbykonstrukteur von Heimbrennereien greift man der Einfachheit halber meistens auf bestehende Töpfe und Kessel zurück. Hier bietet es sich an, einen einfachen Dampfdrucktopf, eine Milchkanne oder einen Entsafter zu kaufen und entsprechend umzubauen. Auch Aluminium-Bierfässer habe ich schon zu Destillieranlagen zweckentfremdet gesehen. Falls Sie sich für solche „Basteleien“ interessieren (oder zu eigenen Umbauten inspirieren lassen wollen), kann ich Ihnen einen Besuch im „Schwäbischen Schnapsmuseum“ in Bönnigheim empfehlen. Ein Raum ist dort den „Selbstgebauten“ gewidmet.

Die „Vorderansicht“ vom Schnapsmuseum in Bönnigheim ...

Nach diesem kurzen Überblick über mögliche Materialien sind wir durch die „selbst gebauten“ Destillen wieder zurück bei der eigentlichen Bauform des Kessels. Die Blasenform ist perfekt, aber nicht immer möglich. Vor allem, wenn Sie sich Ihre Destille selbst bauen möchten, wird es schwierig, einen geeigneten blasenförmigen Brennkessel zu finden. Aus diesem Grund werden im Hobbybereich meistens sogenannte „Pot-Still“-Destillen verwendet. Der Name stammt aus dem Englischen und bezeichnet eine „Topfdestille“, bei der als Brennkessel einfach wie oben beschrieben ein Topf, ein Stahlfass oder eine Milchkanne verwendet wird.

Die optimale Form einer runden Brennblase ist nicht immer möglich.

Wenn Sie Ihr Destillat schnell aufheizen möchten, kann ein flacher Boden in Kombination mit einem passenden Elektro- oder Gasbrenner schneller für die nötigen Temperaturen sorgen. Beachten Sie aber, dass schnelles Aufheizen vor allem bei der Alkoholdestillation nicht unbedingt wünschenswert ist. Durch ein langsames Ansteigen der Temperaturen im Brennkessel ist es möglich, frühzeitig siedende Bestandteile vorsichtig herauszudestillieren. Gerade beim Alkohol kommt es darauf an, denn die Inhaltsstoffe mit niedrigerem Siedepunkt als der eigentliche Trinkalkohol zählen zum Vorlauf und werden allgemein als „giftig“ eingestuft.
Abgesehen von der Möglichkeit, im Hobbybereich auch flache Kessel zu verwenden, hat sich im Wesentlichen an der Brennblase selbst während der letzten 1.000 Jahre kaum etwas verändert. Die Form der Brennblase ist nicht ganz so wichtig für das Endergebnis beim Destillieren, kann aber während der Destillation zu einem besseren Verlauf führen und ein Anbrennen verhindern.

Destillen aus Kunststoff

Aus dem europäischen Norden stammt die „Unart", in Kunststoff zu destillieren, was ich aber nicht gerne weiterempfehlen würde. Nach schwedischem Gesetz handelt es sich erst dann um Destillation, wenn der Kesselinhalt aufkocht. Solange man nur mit niedrigen Temperaturen über Verdunstung arbeitet, bleibt man legal. Dank dieser Nische ist es legal möglich, eine hochprozentige Maische in großen Plastikkanistern leicht aufzuwärmen und den Alkohol nur über die Verdunstung zu konzentrieren.[7]

Des Weiteren können findige Bastler durchaus auch aus Kanistern oder Kunststoffeimern voll funktionsfähige Destillieranlagen bauen. Auf dem Foto sehen Sie eine findige Bastelei aus der Strafvollzugsanstalt Heilbronn, einer Umgebung, wo man vielleicht aus dem Mangel an besseren Materialien das Improvisieren lernen muss. Eine Maische aus Brotresten und dazu eine Destille aus Kunststoff ...

Ich denke, dass Kunststoffe im Zusammenhang mit einer Destillation durchaus gesundheitsschädlich sein könnten. Das Thema der Weichmacher im Plastik ist noch nicht ausreichend erforscht, dass Alkoholdämpfe aber durchaus aggressiv sind und Materialien angreifen können, wissen wir aus dem Automobilbau und den Problemen bei der Umrüstung auf Alkohol als Treibstoff. Ich würde das jedenfalls nicht auf Dauer trinken wollen.

Kunststoffdestille mit elektrischer Heizung aus der JVA Heilbronn (Ausstellungsstück aus dem Schwäbischen Schnapsmuseum in Bönnigheim)

7 Es würde mich interessieren, was unsere Behörden zu dieser Grauzone sagen.

Die Ausstellung der vom Zoll beschlagnahmten „selbstgebastelten" Destillen ist sicher einen Ausflug ins Schwäbische Schnapsmuseum Bönningheim wert.

Hut & Geistrohr

Der zweite wichtige Bauteil einer Destille ist der Teil direkt über dem Brennkessel – der Destillierhut und das darauf folgende oder damit verbundene Geistrohr. Je nach Verwendungszweck können Hut und Geistrohr extrem unterschiedlich ausfallen und es lohnt sich, die Grundprinzipien und Funktionen näher zu betrachten.

Der Hut trennt den Geist von der Materie.

Stellen wir uns kurz vor, wie der Dampf aus dem aufgeheizten Kessel aufsteigt. Manche Destillen werden direkt über dem Kessel gekühlt und zwingen den Dampf dazu, sofort nach dem Aufdampfen wieder zu kondensieren. Andere wiederum leiten den Dampf durch hohe Aufsätze und über weite Strecken bis zum danach angeschlossenen Kühlsystem, wo er endlich kondensieren darf. In diesen verschiedenen Wegen, die der Dampf im Inneren einer Destillieranlage bis zum Kühler zurücklegt, liegt das eigentliche Geheimnis. Hier unterscheiden sich die Anlagen je nach Verwendungszweck einer Destille mitunter sehr deutlich. Aber was macht den Unterschied?

Generell ist es wichtig zu verstehen, dass ein kurzer, breiter Weg vom Brennkessel zum Kühler für eine schlechtere Trennung der einzelnen Bestandteile im Dampf sorgt, während als Gegenteil hierzu ein besonders langer und komplizierter Weg zum Kühler einen sehr starken Trennungseffekt bewirkt.

Kurzer Dampfweg für das Aroma – langer Dampfweg für die Reinheit!

Aber Achtung! Es ist nicht gesagt, dass man einen langen Weg grundsätzlich bevorzugen sollte. Es kommt gerade hier sehr stark darauf an, was man destillieren möchte. Ein langer Weg kann auch schaden! Ätherische Öle beispielsweise verlieren durch die längere Hitzeeinwirkung an Qualität! Alkohol verliert sein Aroma!

Die Bauart Ihres Destillieraufsatzes in Kombination mit dem Geistrohr ist entscheidend dafür, was Sie am Ende erhalten. Bieten Sie den Molekülen im aufsteigenden Dampf einen weiten Platz, um sich beim Aufdampfen zu entfalten, wird Ihr Destillat lebendiger und voller im Aroma. Aus diesem Grund werden in der Whisky- und Obstbrennerei weite Destillierhelme oder Kolonnen verwendet, um ein möglichst breites Aromaspektrum der ursprünglichen Früchte einfangen und erhalten zu können.
Ist der Weg, den der Dampf durch den Hut und das Geistrohr bis zum Kühler gehen muss, ein eher kurzer oder nach unten abfallender, dann bleibt genug Kraft, um auch etwas schwerere Bestandteile, wie beispielsweise die Aromastoffe, mit sich zu schleppen. Im Grunde ist es einfach. Der Dampf kann Aromen und manch andere Inhaltsstoffe aus dem Brennkessel abtransportieren und im Destillat ansammeln, wenn der Raum über dem Brennkessel weit gefasst ist und das Geistrohr zügig zum Kühler führt.

Welche Destille für welchen Zweck? Hut und Geistrohr entscheiden über das Ergebnis.

Geht es aber darum, ein möglichst sauber getrenntes „reines“ Destillat zu erhalten, dann werden dünne, lange Geistrohre oder Türme mit allerlei Sieben und anderen

„Innereien" verwendet, die die im Dampf enthaltenen Stoffe vom Destillat abtrennen sollen. Möchten Sie beispielsweise einen neutralen Alkohol destillieren, völlig frei von allen Aromen, Mineralien und „schweren" Wassern aus der Maische, dann dürfen Sie das Destillat direkt nach dem Aufdampfen durch dünne Röhren zwängen, vorzeitig abkühlen und wieder in den Brennkessel zurückdampfen lassen oder durch allerlei Siebe im Inneren einer Kolonne klettern lassen.

Eine Maische – *zwei* Ergebnisse!

So ist es tatsächlich möglich, aus ein und derselben Ausgangssubstanz zwei völlig unterschiedliche Endprodukte zu erhalten. Aus einer selbst angesetzten Obstmaische wird je nach Aufsatz der Destillieranlage entweder ein aromatischer Edelbrand – oder ein 98%iger Neutralalkohol, den Sie als Treibstoff in den Tank Ihres Autos schütten können. Je nachdem, welche Destille Sie verwenden und wie oft Sie destillieren.

Kühler

Das eigentlich wichtigste Bauteil, ohne das wir nicht so effektiv destillieren könnten, wie wir das heute tun, ist der Kühler. Wie eingangs schon erwähnt, arbeitete man in den frühen Zeiten der Destillation noch ohne Kühler, indem man einfach die wenigen kondensierten Tröpfchen am Deckel eines Topfes einsammelte. Oder man hängte Wolle in den Dampf und drückte die Feuchtigkeit wieder aus. Später stellte man einen kleinen Topf in den Kessel und verwendete einen nach innen gewölbten Deckel. So konnte der Dampf am Deckel kondensieren und in die innere Schüssel abtropfen.

Wasserfasskühler: Dank der Erfindung dieser Kühlmethode können wir heute sogar Alkohol bequem zu Hause in einem Durchgang destillieren.

Frühe Retorten, wie die mittelalterlichen Pelikane oder die Rosenhutdestillen, funktionierten luftgekühlt, nur über den schwachen Kühleffekt der Außenluft, den man teilweise verstärkten konnte, indem man kühle Tücher auflegte oder den Hut mit Wasser besprühte. Erst als man im 13. Jahrhundert auf die Idee kam, die Kühlung durch Wasser laufen zu lassen, um den Kühleffekt zu verstärken, wurde es möglich, hochprozentige Alkohole oder Treibstoffe zu destillieren bzw. ätherische Öle in guter Qualität herzustellen. Die effiziente Destillation, wie wir Sie heute kennen und verwenden, verdanken wir letztendlich der Entwicklung ausgereifter Kühlsysteme im Mittelalter.

Danken wir an dieser Stelle den frühen Destillateuren, Wissenschaftern, Ärzten, Apothekern und Alchemisten für ihren unermüdlichen Forschungsdrang.

Das Schwäbische Schnapsmuseum in Bönnigheim ist sicher einen Besuch wert …

Ohne deren Ideen und Experimente könnten wir heute kaum gemütlich zu Hause auf dem Wohnzimmertisch destillieren. An der Universität zu Salerno leitete man in der Mitte des 13. Jahrhunderts erstmals ein Geistrohr durch ein Wasserfass, um das Destillat zu kühlen. Zumindest ist die Wasserkühlung dort zum ersten Mal historisch belegt. Dieser Zeitpunkt ist in der Geschichte der Destillation auf jeden Fall bedeutsam, denn die Wasserkühlung verbreitete sich rasant und ermöglichte erst die weitere Entwicklung modernerer Destillationsverfahren sowie der unterschiedlichen Destillieraufsätze oder hohen Kolonnen, wie wir sie heute kennen.

10-faches Destillieren bis zur Brennbarkeit von Alkohol?

Die Zeit blieb nicht beim einfachen Durchleiten eines Rohres durch ein Wasserfass stehen. Den heute noch beliebten Schlangenkühler beispielsweise entwickelte der Florentiner Arzt Thaddaeus Alderotti schon wenige Jahre später. Zu seiner Zeit musste man noch bis zu zehnmal destillieren, um ein Alkoholdestillat für medizinische Zwecke auf eine brennbare Qualität zu heben. Dank Alderottis Kühlung können wir das heute oft schon mit einer einzelnen, spätestens aber bei der zweiten Destillation erreichen. Leicht angewärmt brennt Alkohol schon ab 40 Vol.-% und es ist uns heute ein Leichtes, einen 40%igen schon im ersten Durchgang auch mit einer einfachen Destille zu erhalten.

Da wir an diesem historischen Beispiel gut erkennen können, wie sehr die Kühlung das Ergebnis unserer Destillation beeinflussen kann, setzen wir unseren Exkurs in die Welt der Destillieranlagen am besten mit den unterschiedlichen Kühlsystemen fort.

Bei dieser libanesischen Destille für ätherische Öle läuft das Geistrohr heute noch quer durch drei Kühlfässer.

Kühlsysteme beim Destillieren

Wir unterscheiden beim Destillieren zunächst zwischen der Kopfkühlung, bei der Dampf direkt über dem Brennkessel an einer mit Wasser oder Eis gefüllten „Schale" kondensiert, und der Kühlung mit einem wie von Alderotti erfundenen seitlichen Zusatzkühler. Hierbei fällt sofort ein erster Unterschied auf. Die Destille mit dem Kopfkühler erscheint als eine Einheit, während eine Destille mit Zusatzkühler aus zwei Bauteilen besteht, der eigentlichen Destille und einem separat angeschlossenen Kühler. Beide Methoden können kombiniert werden, so kann eine Destille sowohl einen Kopfkühler als auch noch zusätzlich einen zweiten Extrakühler aufweisen.

Diese zusätzlich angeschlossenen Kühler können recht unterschiedlich ausfallen. Am bekanntesten sind die aus gutem Grund heute noch üblichen Schlangenkühler, bei denen der heiße Dampf in einer Kühlspirale durch einen mit kaltem Wasser gefüllten Kessel geleitet wird. Auch die „Gegenstrom"-Kühlung, bei der Dampf an einem von laufendem Wasser umströmten Innenrohr kondensiert, ist weithin bekannt. Im Profibereich werden eher sogenannte Röhrenkühler verwendet, bei denen ebenfalls im Gegenstromverfahren gleich mehrere Kühlröhren dem Dampf entgegenwirken und so zu einer schnellen Rückkühlung führen. Jede der Methoden hat Vor- und Nachteile. Welches Kühlsystem geeignet ist, hängt von der Bauart der Destille sowie auch davon ab, was man eigentlich destillieren möchte.

Die Rosenhutdestille mit großer luftgekühlter Oberfläche und innerem Auffangring für das Destillat konnte von außen mit Wasser bespritzt werden, wodurch der Kühleffekt verstärkt wurde.

Luftkühler

Die Luftkühlung wird heute kaum mehr verwendet, wer aber Wert auf historische Originale und die frühen alchemistischen Arbeitsprozesse legt, kann auch heute noch mit einer luftgekühlten Destille, beispielsweise einer Retorte oder einem Pelikan aus Glas oder Keramik, beachtliche Ergebnisse erzielen. Meistens kam es für einen ausreichenden Kühleffekt darauf an, die Oberfläche relativ groß zu halten, was man am Beispiel einer Rosenhutdestille[8] oder einer „Arabia"-Destille gut erkennen kann. Der Dampf kann direkt am Hut kondensieren und wird sofort wieder seitlich abgeleitet, bevor er in den Brennkessel zurücktropfen kann.

Luftkühlung? Nur bei eisiger Winterluft ausreichend!

8 Die Rosenhutdestille wurde wegen der Ähnlichkeit zur Form der damals modischen Kopfbedeckung der Frauen, dem Rosenhut, so benannt. Ähnlich verhält es sich mit den Alquitara-Destillen, die wegen des turbanähnlichen Aufsatzes als Mohrenkopfdestillen bezeichnet wurden.

Alquitara-Destille mit obenauf liegendem Kühlkessel und innerer Auffangrinne für das Destillat

Kopfkühler

Die Vorteile bei der Kopfkühlung sind zum einen die platzsparende Bauweise, zum anderen die meistens sehr kurzen Dampfwege bis zum Kühler, was optimal ist, wenn man Wasser oder ätherische Öle destillieren möchte. Bauartbedingt ist es mit einem oben aufliegenden Kühler aber nicht möglich, hochprozentige Alkohole zu destillieren oder gar in verschiedenen Fraktionen zu denken. Dazu komme ich aber später noch ausführlicher. Allgemein sei gesagt, dass ein obenauf liegender Kühler viele Vorteile – aber leider auch ebenso viele Nachteile mit sich bringt. In manchen Fällen empfiehlt es sich, den Kopfkühler als Vorkühler zu verwenden, das bereits kondensierte Destillat aber zusätzlich durch einen zweiten Kühler weiter abzukühlen.

Typischer Schlangenkühler, wie er aus gutem Grund schon seit 700 Jahren verwendet wird.

Schlangenkühler

Im Hobbybereich wird man sich in den meisten Fällen für den Schlangenkühler entscheiden. Nicht nur deshalb, weil er relativ einfach zu bauen ist – ein zur Spirale gebogenes Kupferrohr in einem Wasserfass genügt. Zugleich ist der Schlangenkühler auch sehr effizient und unkompliziert in der Anwendung und Pflege. Ein Schlangenkühler verspricht dank dem großen Kühlkessel rundherum einen gleichbleibenden Kühleffekt auch über einen längeren Zeitraum. Das Kühlwasser und die Temperatur lassen sich gut kontrollieren und der Wasserverbrauch hält sich in moderaten Grenzen.

Schlangenkühler werden seit etwa 700 Jahren gebaut und auch heute noch gerne, vor allem bei der Alkoholdestillation, verwendet. Selbst bei großen industriellen Destillerien bleibt der Schlangenkühler oder Wurmkessel (engl.: *worm tub*) oftmals die optimale Lösung. Bei traditionellen Whisky-, Brandy- oder Cognacbrennereien wäre eine andere Lösung kaum vorstellbar.

Gegenstromkühler

Pure Effizienz bei enormem Wasserverbrauch

Bei kleinen Anlagen bevorzugt man oft den Gegenstromkühler, der eine effiziente und sofortige Kühlung bei geringem Platzbedarf ermöglicht. Viele Geheimbrenner schwören ebenfalls auf den Gegenstromkühler, denn mit etwas Geschick kann man ihn gut selbst zusammenlöten. Dank der platzsparenden Bauweise lässt er sich unauffällig verstecken und getrennt vom eigentlichen Brennkessel aufbewahren. Aber auch bei der Destillation im Labor ist ein Gegenstromkühler die optimale Lösung. Für die genormten Glasgeräte aus dem Laborbedarf existieren etliche verschiedene Ausformungen mit ebenso vielen unterschiedlichen Namen[9], denen aber allen eines gemeinsam bleibt – sie kühlen den Dampf der Destille ab, indem sie kaltes Wasser dagegenströmen.

Ein Nachteil bei den Gegenstromkühlern ist der hohe Wasserverbrauch. Der Kühler kann nur auf einem kurzen Stück auf die hohe Dampftemperatur einwirken. Das erfordert einen konstanten Wasserdurchlauf, was den Kühler für Anwendungen in größerem Rahmen ungeeignet werden lässt. Auch im Labor und im Hobbykeller muss man einen Gegenstromkühler mit entsprechenden Schläuchen immer an fließendes Wasser anschließen. Im Hobbybereich kann man etwas einsparen, indem man sich mit einer Pumpe aus einem Wasserfass bedient. Auf diese Weise wird immer dasselbe Wasser durchgepumpt und man merkt, wenn es sich zu stark erwärmt oder komplett aufheizt.

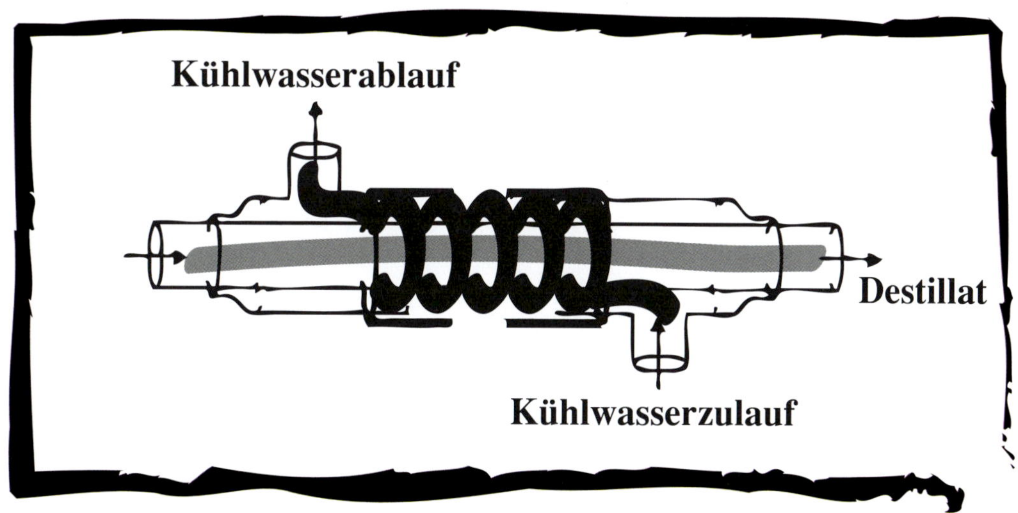

In einem Gegenstromkühler, den es in verschiedenen Varianten gibt, strömt kaltes Wasser dem Dampf entgegen.

9 Geläufige Bezeichnungen sind Durchflusskühler, Liebigkühler, Kugelkühler, Dimrothkühler oder Friedrichskühler.

Röhrenkühler

Ein Röhrenkühler funktioniert wie ein Gegenstromkühler, ist aber wesentlich größer und zumeist direkt neben der Destillieranlage hochkant aufgebaut. Im Inneren des Kühlbehälters wird das Destillat sehr effizient dank mehrerer vom Kühlwasser durchströmten Röhren gekühlt. Diese Art der Kühlung wird auch wegen der platzsparenderen Bauweise heutzutage meistens in modernen gewerblichen Kleinbrennereien verwendet. Der Wasserverbrauch ist zwar relativ hoch, kann durch Rückgewinnungssysteme jedoch reduziert werden. Im Winter kann das erwärmte Wasser direkt in die Heizung einer Brennerei eingeleitet werden.

Querschnitt durch einen Röhrenkühler (Ausstellungsstück im Schnapsmuseum Feldberg-Bärental)

Aber was genau passiert in einem Kühler? Ganz einfach, der Dampf trifft auf eine gekühlte Oberfläche und kondensiert. Kurz gesagt, der Dampf aus dem Brennkessel wird wieder flüssig.

Hier halten wir kurz inne, denn ganz so einfach ist es doch nicht. Wir können beim Destillieren in zwei verschiedenen Bereichen kühlen. Um späteren Verwechslungen vorzubeugen, möchte ich gleich hier beide Bereiche erklären.

Alquitara-Destille mit direkt am Wasserhahn angeschlossenem Kühlkreislauf

1. Wir denken beim Destillieren immer zuerst an die eigentliche Produktkühlung, bei der das Destillat am Kühler kondensiert und dann als Ergebnis der Destillation gesammelt werden kann. Das ist die klassische Kühlung zum Ende des Destilliervorgangs, bei der wir alle vorher beschriebenen Kühlmethoden einschließlich der frühmittelalterlichen Luftkühlung anwenden können.

2. Zum Zweiten besteht die Möglichkeit, das Destillat über dem Brennkessel vor dem Geistrohr zu kühlen. Dadurch wird ein Teil der Dämpfe vor der eigentlichen Produktkühlung kondensieren und wieder in den Brennkessel zurücktropfen. Diese Art der Kühlung nennt man auch Rückflusskühlung (Refluxkühlung), weil das Destillat hier zum Teil wieder zurückfließt. Vor allem bei der Alkoholdestillation und in der Labortechnik kennt man verschiedene Kühlmethoden, die lange vor der Produktkühlung einsetzen und dadurch den Trennungseffekt beim Destillieren deutlich verstärken können. Nur noch bestimmte und besonders leicht flüchtige Anteile aus der Ausgangssubstanz im Brennkessel schaffen den Weg durch diese „Vorkühlung".

Mit der optimalen Kühlung je nach Einsatzzweck beginnt die Kunst beim Destillieren. Es gilt, den gewünschten Trennungseffekt zu erhalten, um damit die im fertigen Produkt enthaltenen Stoffe festzulegen. Moderne Industriedestillen, wie sie etwa bei der Erdölraffination verwendet werden, können den aufsteigenden Dampf durch Temperatursteuerung über bestimmte Bereiche leiten, indem sie nicht nur grob an manchen Stellen abkühlen, sondern genaue Temperaturen an exakt definierten Bereichen halten können. Je nach Temperaturverhalten der Inhaltsstoffe können dadurch mehrere unterschiedliche Substanzen an unterschiedlichen Stellen der Destillieraufsätze entnommen werden.

Eine gute Kühlung erhöht den Ertrag und die Wirksamkeit Ihrer Destille.

Von einer fahrbaren Destille wie dieser hier in Frankreich können wir in Deutschland nur träumen. Vielleicht erkennen Sie aber schon die einzelnen Bauteile?

Ähnlich funktionieren auch moderne Kolonnenbrennereien, wie sie oft in der Obstbrennerei verwendet werden. Durch verstellbare Siebe im Inneren des Destillieraufsatzes kann man den Widerstand für den Dampf im Dampfraum relativ genau einstellen und über den gesamten Destillationsverlauf einen gleichbleibenden Alkoholgehalt oder, bei verschiedenen Destillationen, eine reproduzierbare gleiche Qualität erzielen.

Leichtes steigt auf, das Schwere bleibt im Kessel zurück.

Wie eingangs schon erwähnt, kennen wir dieses Problem nicht beim Destillieren von Wasser. Hier bleiben die „schweren" mineralischen Bestandteile einfach im Brennkessel zurück und das reine H_2O dampft aus dem Kühler. Dabei ist es mehr oder weniger egal, welche Destille, welches Kühlsystem oder welches Thermometer wir verwenden. Bei der Destillation von einfachem Wasser haben wir einen flüchtigen Bestandteil und die schweren Inhaltsstoffe, sonst nichts. Die Trennung von zwei flüchtigen Bestandteilen wird uns beim Alkohol begegnen.

Das Abdichten von Destillieranlagen

Beim Destillieren im Hobbybereich muss man immer mit undichten Stellen rechnen.

Die Ausdehnung der kupfernen Bauteile wird bei manchen Destillen auch genutzt, um die Einzelteile untereinander abzudichten. Vor allem bei den traditionellen Alambik-Destillen, Alquitaras und Kolonnenbrennereien genügt es oftmals, einfach den Destillierhut lose auf den Kessel zu setzen und aufzuheizen. Das feinere Kupfer am Destillierhut dehnt sich dann so weit aus, dass es die Destille alleine dadurch weitgehend abdichtet. Der Kesselrand selbst ist umbördelt und durch einen Eisenring im Inneren verstärkt. Daher kann sich der Hals am Kessel nicht so stark ausdehnen wie das innen sitzende, meistens konisch zulaufende Kupferblech, aus dem der Hut geformt wurde. Trotzdem muss man beim Destillieren im Hobbybereich immer mit Undichtigkeiten rechnen und entsprechend darauf vorbereitet sein, eventuell während der Destillation eingreifen zu müssen.

Zum Ersten möchte man normalerweise gerne das Maximum an Ertrag gewinnen, weshalb es nicht in unserem Interesse sein kann, wenn ein Teil des Dampfes an anderer Stelle entweicht. Zum Zweiten aber – das ist ein wirklich wichtiger Punkt, den Sie nicht unterschätzen sollten – sind die austretenden Dämpfe bei vielen Destillationen höchst entflammbar. Wir hatten vorher, im Kapitel zur Kühlung, schon gelernt, dass leicht erwärmter Alkohol bereits ab 40 % brennen kann. Die Dämpfe, die bei einer Alkoholdestillation aus der Destille austreten, sind in der Regel richtig heiß und enthalten oft über 70 oder 80 % Volumenprozent Alkohol. Darüber hinaus stehen sie (je nach Destille) noch unter Druck und entweichen nur wenige Zentimeter über der Feuerstelle, auf der wir die Destille betreiben. Das ist nicht nur entflammbar, das ist fast schon explosiv!

Alquitara-Destille mit gut sichtbarer Dichtung durch rundherum gewickeltes Teflonband

Ich will hier sicher keine Panik machen, aber Sie sollten wissen, womit Sie es zu tun haben. Ich empfehle (je nach Bauart der Destille), immer eine Rolle Teflonband aus dem Sanitärbereich parat zu haben. Das kostet nur wenige Cent und kann bei den meisten Anzeichen einer Undichtigkeit relativ schnell und unkompliziert von außen rundherum gewickelt werden. Es ist nicht unbedingt nötig, die Bauteile wie bei Sanitärverschraubungen innen zu dichten. Wickeln Sie das Band einfach ein paarmal rundherum und Ihr Problem sollte behoben sein.

Hier wird eine große Arabia-Destille vor der Destillation mit einer Roggenmehl-Wasser-Paste abgedichtet.

Traditioneller ist die Verwendung von vorher angerührten Pasten, wofür es Hunderte „geheimer" Rezepte gibt. In den „alten" Zeiten war es ein wohlgehütetes Geheimnis, mit welchem Material man was am besten abdichten konnte. Ich empfehle, in der Regel einfach Roggenmehl mit Wasser zu vermengen und mit einem Spatel oder mit der Hand dick auf die undichten Stellen aufzutragen. An den undichten Stellen bleibt diese Paste elastisch und dichtet zuverlässig ab. An den dichten Stellen trocknet sie schnell aus und lässt sich später relativ leicht wieder entfernen.

Auch vorher angeröstetes Weizenmehl soll gut funktionieren. So mancher schwört auf Ton oder sogar Gips und beim Stöbern in historischen Büchern finden sich eine Menge eher seltsam anmutender Rezepte mit Blut oder Kalk.

Undichtigkeiten beim Destillieren sind nicht unbedingt das, was der moderne Mensch im Computerzeitalter erwartet. Man sollte aber eine handgefertigte Destillieranlage auch nicht mit lasergeschnittenen Bauteilen aus der Autoindustrie vergleichen. Abgesehen von den unterschiedlichen Fertigungsprozessen und Anforderungen sind auch die Materialeigenschaften völlig andere, ebenso wie auch die Belastungen andere sind. Ein bisschen Improvisationstalent gehört beim Destillieren schon dazu, auch wenn es darum geht, die Destillieranlage optimal aufzubauen.

Das Aufbauen einer Destillieranlage

Industrielle Destillieranlagen werden besprochen, angefertigt, geliefert, vor Ort montiert und alle Leitungen angeschlossen. Es gibt einen Testlauf, eine Einweisung durch den Hersteller, zusätzliche Mess- und Prüfverfahren sowie eine Abnahme und vielleicht sogar eine Verplombung durch den Zoll. Im privaten Bereich sind Sie selbst verantwortlich und das ist gut so. Vermutlich möchten Sie nicht bei jeder einzelnen Destillation damit rechnen müssen, jemanden vom Amt dabei zu haben.

Sind Sie Links- oder Rechtsbrenner?

Der Aufbau beginnt oftmals schon mit einer einfachen Frage: Möchten Sie von links nach rechts destillieren oder lieber umgekehrt? Das klingt zunächst lustig, kann aber unter Umständen dafür entscheidend sein, ob Sie weitgehend bequem an alle Bauteile herankommen und praktisch eingreifen können. Ich selbst bin das Lesen von links

nach rechts gewohnt und destilliere auch bevorzugt von links nach rechts. Vielleicht auch weil ich Rechtshänder bin. Die meisten Destillen lassen sich in beide Richtungen aufbauen. Vielleicht möchten Sie aber auch den Kühler vor sich haben und den Brennkessel hinter sich, also von hinten nach vorne brennen? Probieren Sie es aus, Sie werden sicher bald merken, was für Sie und Ihre Destille die beste Aufbauposition ist.

So eine wunderschöne Tischdestille passt gut in jede Küche und verursacht kaum Probleme beim Aufbauen.

Wichtiger ist es, dass die Destille stabil und sicher steht. Bei einer der vielen Tischdestillen oder Kompaktanlagen ist das meistens keine Frage, denn hier steht die Destille normalerweise mitsamt allen Bauteilen gesichert durch einen passenden Ständer auf einem Holzbrett. Trotzdem werden Sie auch bei einer Tischdestille schnell improvisieren müssen. Bei fast allen Anlagen sitzt nämlich der Destillatausgang nur wenige Zentimeter über dem Brett. Es ist hier nicht möglich, ohne Weiteres eine Flasche oder einen Messzylinder unterzustellen. Sie werden also wohl oder übel auch bei einer Kompaktanlage improvisieren müssen. Entweder müssen Sie die Anlage höher stellen, indem Sie die Anlage mit Holzklötzen oder Steinen „aufbocken", oder Sie suchen sich einen tiefer gelegenen Platz in einer Küchenschublade oder auf einem Stuhl unterhalb Ihrer Destille. Besonders flexibel sind Sie, wenn Sie immer ein paar lebensmittelgeeignete Schläuche parat halten – im Idealfall natürlich mit dem Durchmesser des Ausgangs an Ihrer Destillieranlage. Dann können Sie das Destillat während der Destillation verlustfrei und sicher direkt in eine Flasche oder einen anderen geeigneten Behälter laufen lassen.

Achten Sie immer auf sicheren Stand Ihrer Destillieranlage!

Improvisieren mit Gummis, Draht, Schnüren, Klammern, Steinen, Gläsern und Brettchen ...

Bei einer „normalen" Destille stehen wir vor weiteren „kleinen" Problemen, bei denen wir improvisieren müssen. Wenigstens wenn wir die Destille zum ersten Mal aufbauen wollen. Bei vielen Destillen stehen der Brennkessel und der Kühler auf gleicher Höhe. Das sieht schön aus und ist stabil, zumindest solange man die Anlage nicht benutzt. Will man sie in Betrieb nehmen, muss man den Brenner natürlich unter den Kessel stellen. Da ist es dann egal, ob man ein offenes Feuer benutzt oder einen Gas- oder Elektrokocher darunterstellt. Sicher ist, dass der Brennkessel entsprechend höher steht. Sie müssen also irgendwie das Geistrohr verlängern oder – viel einfacher – eben den Kühler entsprechend etwas höher stellen, um den Unterschied herzustellen. Im Laborbedarf kann man jede Menge verschiedene Stative, Ständer und Halteklammern kaufen. Dort ist das Problem bekannt und man muss bei einem Wechsel des Aufbaus einiges an Zeit damit verbringen, die einzelnen Bauteile auszujustieren, damit die Konstruktion nicht zusammenfällt. Bei den Hobbyanlagen fällt uns das leichter. In den meisten Fällen genügen wirklich ein paar Holzbrettchen an der richtigen Stelle. Normalerweise nutzt man ja dieselbe Destille immer wieder und kann spätestens bei der dritten Destillation schon von Gewohnheit sprechen und zügig mit der „Arbeit" beginnen.

Irgendetwas findet sich immer, um die Leitungen zu fixieren oder die Höhe auszugleichen.

Zum Ende müssen wir uns aber immer noch um eine ausreichende Kühlung kümmern. Mit etwas Routine kann die Anlage schon fest stehen und angeheizt werden, während Sie noch am Kühlsystem „werkeln". Wichtig ist aber tatsächlich die richtige Kühlung und je nach Destillieranlage muss hier am meisten improvisiert werden.

Hier ist eine kleine Whiskydestille dekorativ vor einem Besprechungsraum aufgebaut.

Vielleicht haben Sie Glück und Ihre Destille hat einen großzügig dimensionierten Kühlkessel? Dann genügt es oftmals, einfach nur kaltes Wasser in den Kühler nachzugießen oder Eiswürfel einzulegen. Aber wohin mit dem heißen Wasser? Der Kühler ist ja voll. Wenn Ihre Destille einen Kühlwasserablauf hat, dann ist diese Frage einfach zu beantworten. Schließen Sie einen Schlauch an und lassen Sie das heiße Wasser einfach in einen Eimer überlaufen! Sie können das Wasser später noch nutzen, um den Brennkessel oder Ihre Maischebehälter zu reinigen. Und wenn nicht? Ein Kühlkessel ohne Überlauf? Das war bei kleineren Destillen vor Kurzem noch durchaus üblich. Je nach Größe Ihres Kühlers können Sie ihn einfach überlaufen lassen oder einen Teil des Kühlwassers herausschöpfen. Oder Sie montieren den Kühler schnell ab und leeren ihn aus. Letztendlich ist ein funktionierender Kühlkreislauf aber bei vielen Anwendungen wichtig. Vor allem bei der Destillation von Alkohol und ätherischen Ölen ist eine gute Kühlung eine wichtige Voraussetzung. Besser ist es also, wenn Ihr Kühler einen Überlauf hat, denn dann können Sie für eine konstante Temperatur sorgen. Ein Zulauf ist nicht unbedingt notwendig, Sie können auch einen Schlauch direkt zwischen die Kühlrippen stecken. Aber wenn Ihr Kühler einen Kühlwasserzulauf hat, dann ist es wichtig zu wissen, dass man kaltes Wasser unten zulaufen lässt. Die Wärme steigt nach oben, das warme Wasser soll oben ablaufen. Gleiches natürlich beim Gegenstromkühler, bei dem der Name schon verrät, dass kaltes Wasser dem heißen Dampf entgegenströmen soll.

Legale 0,5-Liter-Kolonnenbrennerei mit vollständigem Kühlkreislauf dank einer Aquariumpumpe

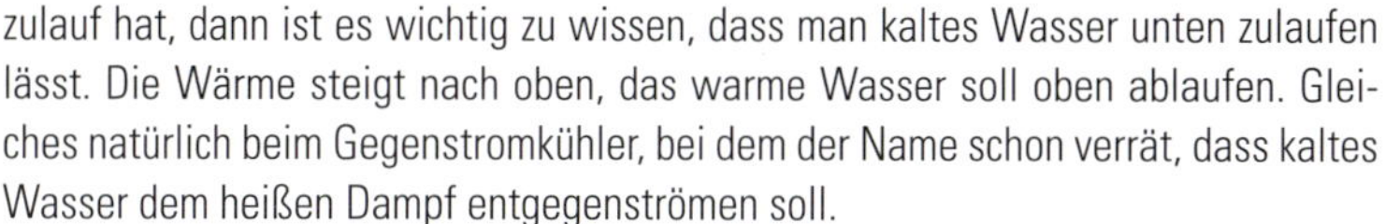

Im Idealfall haben Sie einen Kühler mit einem Zu- und einem Überlauf und können eine Pumpe anschließen. Je nach Größe Ihrer Destille kann eine einfache Spülschüssel mit einer Aquariumpumpe schon ausreichen, bei größeren Destillen empfiehlt sich ein Fass oder der direkte Anschluss an die Wasserleitung. Aber bedenken Sie, das Improvisieren geht weiter. Die Destille sollte stabil stehen und befüllte Schläuche können unter Umständen mit einigem Gewicht an der Standfestigkeit Ihrer Destille rütteln. Es empfiehlt sich, die Wasserleitungen entsprechend durch Klammern zu sichern oder festzubinden. Denken Sie bei allen Problemen einfach an die „alten Meister" und fragen Sie sich, mit welchem Aufwand man früher solche Probleme hätte lösen können. Sie werden sehen, wir haben es heute schon sehr einfach. Aber kommen wir lieber zur versprochenen Alkoholdestillation.

Wir haben es heute so einfach ... haben wir?

°C
30
20
10
0
Ethanol
%

Alkoholdestillation

Beim Destillieren von Wasser gab es nicht viel zu beachten. Wasser kocht bei 100 °C und wir trennen schwere Rückstände, wie Mineralien oder Verunreinigungen, vom klaren Nass, das ist alles.

Alkohol zum Trinken? Oder zum Putzen? Als Verdünnungsmittel oder als Treibstoff?

Beim Alkohol sieht das bereits anders aus! Wir unterscheiden von vornherein verschiedene Alkohole. Wir kennen Alkohol zum Trinken, aber auch als Treibstoff, Lösungs-, Sterilisations- oder Reinigungsmittel. Je nachdem, was wir als Ziel anstreben, kann die Destillation oder auch die optimale Destillieranlage dafür schon sehr unterschiedlich ausfallen.
Nehmen wir einen guten Obstbrand als Beispiel. Worauf kommt es hier an? Wir möchten möglichst viel vom edlen Aroma der Frucht einfangen und erhalten. Gleichzeitig sollen möglichst alle Schadstoffe sauber abgetrennt, der Alkohol also weitgehend gereinigt[1] werden, um gesundheitliche Belastungen zu vermeiden.

Verschiedene Ziele …

Das ist ein völlig anderes Ziel als beispielsweise bei einem Alkohol, den wir als Grundlage für die Parfumherstellung verwenden möchten. Hierbei käme es darauf an, möglichst keine eigenen Aromen übrig zu lassen und einen völlig geschmacks- und vor allem geruchsneutralen Alkohol zu destillieren.

Um diese Unterschiede wirklich klar zu machen, möchte ich hier erneut auf die Theorie hinter der Destillation eingehen. Es ist wichtig, diese Zusammenhänge zu

1 Der Zoll nennt eine Destillation auch Reinigung von Alkohol.

verstehen, aber glücklicherweise viel unkomplizierter, als man als Außenstehender oftmals denkt. Es heißt außerdem, durch die Wiederholung lernt man besser, prägt man sich die Dinge besser ein. Also noch einmal. Es ist nur ein einfaches Grundprinzip, das Sie verinnerlichen sollten: **Je höher der Widerstand, den Sie dem Dampf entgegenbringen, desto reiner wird das Destillat.**

Je höher der Widerstand, umso reiner das Destillat!

Das klingt sehr technisch und nicht gerade nach einem leckeren Edelbrand, aber es ist eine durchaus gültige und logische Erkenntnis, die man auch am Beispiel einer Alkoholmaische gut veranschaulichen kann. Stellen Sie sich einfach die vielen fruchtigen Aromastoffe in Ihrer frischen Obstmaische als etwas Schweres vor. Schwerer als Dampf, aber nicht so schwer wie Kalk oder die Mineralien aus der Wasserdestillation am Anfang des Buches. Und dann stellen Sie sich den aufsteigenden Dampf vor. Der Dampf steigt über dem Brennkessel auf, in den Hut bis in das Geistrohr der Destille. Dabei schleppt der Dampf die Aromastoffe, Fuselöle sowie allerlei andere Geschmacks- und Geruchsträger, die sich beim Vergären bilden konnten, in unterschiedlichen Gewichtsanteilen mit sich. Dieser Prozess nennt sich Schleppdestillation, denn die Aromen werden vom Dampf mit bis in den Kühler geschleppt.

Die Theorie beim Brennen von Alkohol ist einfach. Wenn wir viele dieser edlen Aromen am Ende der Destillation in unserem Sammelbehälter wünschen, dann sollten wir es dem Dampf möglichst einfach auf dem Weg durch die Destille machen. Für viele Aromastoffe im fertigen Produkt müssen wir die Dampfwege kurz halten. Je kürzer, desto besser, denn umso mehr Aromen kann der Dampf sicher ans Ziel mitschleppen. Dabei können wir den Dampf sogar noch unterstützen, etwa durch einen weiten Raum über dem Brennkessel. Je nach Bauart der Destille kann im Hut ein Kamineffekt entstehen und das Destillat noch schneller ans Ziel treiben. Auch das Vorwärmen der oberen Bauteile einer Destille kann den Schleppeffekt verstärken und eine größere Anzahl an schwereren Bestandteilen aus der Maische sicher bis zum Kühler geleiten.

Kurzer Dampfweg = viel Aroma

Umgedreht verstärken wir den Reinigungseffekt dadurch, dass wir dem Dampf „Steine in den Weg legen". Das könnte man fast wörtlich nehmen, allerdings verwendet man zumeist keine Steine, sondern beispielsweise Raschigringe aus Keramik, Stahl oder Glas. Es kommt darauf an, es dem Dampf auf seinem Weg durch den Hut der Destille bis in den Kühler schwerer zu machen, denn so kann er sich von den Aromen und Fuselölen mit einem niedrigeren Siedepunkt lösen und nur der feinste und reinste zarte Dampf schafft es noch bis ans Ende der Destillieranlage. Bei der Alkoholdestillation haben wir es mit unterschiedlichen Siedepunkten zu tun, die man durch Verstärkungseinrichtungen in der Destille sorgfältiger voneinander trennen kann.

Langer Dampfweg = hochprozentiger Alkohol

Eine Rektifizierungslinse wird über dem eigentlichen Hut angebracht und von außen mit Wasser gekühlt. Der Dampf im Inneren kondensiert teilweise frühzeitig und tropft zurück.

Dem Dampf Steine in den Weg legen …

Je nach Bauart der Destille unterscheiden wir etliche verschiedene Möglichkeiten, den Dampf zu bremsen. Einen leichten Effekt erzielt man schon durch die einfache Kühlung der oberen Bauteile einer Destille mit etwas aufgesprühtem Wasser[2] oder kalter Außenluft.

Einen starken Effekt erhält man, wenn sich der Dampf durch eine sehr hohe oder mit Sieben oder Ringen gefüllte Kolonne zwängen muss. Das Destillat kondensiert dann großteils schon vor dem Geistrohr und tropft in den Kessel zurück. Dieses Verfahren nennt man auch Refluxdestillation[3] und wir kennen dazu passend diverse Laborkolonnen ebenso wie die selbst gelöteten Refluxdestillen zur hochprozentigen Alkoholdestillation im Hobbybereich.

In der gewerblichen Obstbrennerei verwendet man dagegen heute oft hohe Kolonnen mit eingebauten Sieben oder glockenförmigen Böden, an denen sich das Destillat sammeln und zurücktropfen kann. Diese Siebe lassen sich je nach gewünschtem Effekt unterschiedlich einstellen. Das Ergebnis wird dadurch relativ genau steuerbar und reproduzierbar, was für eine gleichbleibende Qualität sorgen soll.

2 Das Wasser selbst kühlt, aber auch die Verdunstung hat einen Kühleffekt. Länger anhaltend ist der Kühleffekt, wenn man feuchte Tücher auflegt. Man könnte darüber streiten, ob das schon Wasserkühlung oder noch Luftkühlung ist.

3 Von dem lateinischen Wort *Reflux* = Rückfluss

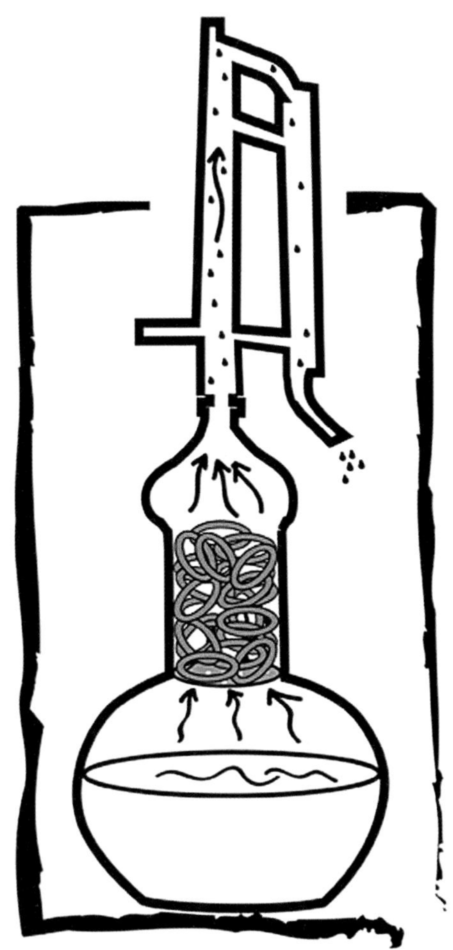

Der Reflux-Effekt lässt sich weiter verstärken, wenn man schon im Hut oder Steigrohr einer Destille mit einem zusätzlichen Kühler kühlt. Dieses Verfahren findet vor allem im kleineren Maßstab im Labor Anwendung, aber auch in der gewerblichen Alkoholbrennerei kennt man diverse Verstärkungseinrichtungen, die es erlauben, das Destillat zu verstärken.

Wenn man durch einen zusätzlichen Kühler den Effekt der Destillation verstärkt oder verdoppelt, nennen wir das Rektifizierung. In Gedanken können wir uns das auch als eine zweite direkt angeschlossene Destillation vorstellen. Die Dämpfe werden auf eine bestimmte Temperatur gekühlt. Nur noch die allerleichtesten flüchtigen Bestandteile schaffen den Weg trotz der frühzeitigen Kühlung bis zum Geistrohr und in den eigentlichen Kühler.

Vom Prinzip her ähnlich, nur genau andersherum verhält es sich bei einem sogenannten Dephlegmator. Hierdurch kann man Flüssigkeiten mit unterschiedlichen Siedepunkten noch genauer durch die Vorgabe bestimmter Temperaturen voneinander trennen. Ein Dephlegmator wird auf die gewünschte Temperatur aufgeheizt und leitet dann die feinen Dämpfe, deren Siedepunkte in der Nähe dieser Temperatur liegen, weiter bis in den Kühler. Die Inhaltsstoffe im Destillat, deren Siedepunkte unterhalb dieser eingestellten Temperatur liegen, tropfen zurück in den Kessel der Destille.

In einer Refluxdestille erreichen nur die am leichtesten flüchtigen Inhaltsstoffe aus dem Dampf noch den Kühler.

Im Wesentlichen brauchen uns diese technischen Verfahren zu Hause und im Hobbybereich aber nicht zu interessieren. Es genügt, das Prinzip zu verstehen, um auch mit einfachen Destillen hervorragende Ergebnisse in allen Bereichen zu erzielen. Ein gutes Beispiel sind uns hier die französischen Cognac- und Calvadosbrennereien ebenso wie die schottischen Whisky-Distilleries. Für ein gutes Ergebnis beim Schnapsbrennen benötigt man vor allem drei Dinge. Eine hohe Qualität der Ausgangsmaterialien, die fünf Sinne des Brennmeisters und eine gute Destille aus Kupfer.

Typische Alambik-Destille, wie sie wegen ihrer optimalen Grundform heute noch gerne für aromastarke Destillate verwendet wird.

Praktisches Destillieren von Trinkalkohol

Hier beginnen wir mit der „Schnapsbrennerei" und brennen doppelt …

Versuchen wir uns endlich an einer ersten Alkoholdestillation. Und weil wir etwas lernen wollen, es aber zugleich unkompliziert halten möchten, beginnen wir mit einem aromatischen Edelbrand, am besten in einer einfachen Kupferdestille.[4] Als kleine vielleicht unerwartete Besonderheit destillieren wir unseren Edelbrand doppelt.

Zuerst geben wir zu Übungszwecken Bier oder etwas Wein in den Brennkessel und destillieren einen ersten Raubrand mit vielleicht 25 oder 30 Vol.-% Alkohol im Ergebnis. Hier gibt es, wie beim Wasser, zunächst nicht allzu viel zu beachten. Es genügt, die Destille anzuheizen, abzuwarten, bis der Siedepunkt erreicht ist, und die Destillation beginnt.

4 Bei der Destillation von Trinkalkohol sollten Sie immer in Kupfer destillieren, und zwar nicht nur wegen der besseren Wärmeleitfähigkeit. Kupfer dient auch als Katalysator und kann Schwefelwasserstoffe bei der Destillation anbinden.

2-Liter-Tischdestille, wie sie in Österreich legal zur Alkoholdestillation verwendet werden darf.

Beim Destillieren von Bier oder Wein kann nichts anbrennen. Bitte beachten Sie im Gegensatz dazu, dass Sie beim Destillieren einer Obstmaische auf der Hut sein sollten, damit nichts anbrennt. Hierzu empfiehlt es sich, einen Anbrennschutz aus Kupfer, Edelstahl oder ausgekochtem Weidengeflecht auf den Boden der Destille zu legen oder die Maische in einen groben Sack zu füllen. Auch ein Wasserbad kann ein Anbrennen Ihrer Maische sicher verhindern, professionellere Destillen verfügen oft über ein elektrisches Rührwerk, damit die Maische während der Destillation in Bewegung bleibt. Auch das beugt einem Anbrennen vor.

Nichts anbrennen lassen …

Fachwissen: Was wir wissen müssen

Der Siedepunkt von Alkohol liegt bei 78 °C, der von Wasser bei 100 °C, solange Höhenlage und Luftdruck im Normbereich liegen. Bei einer Alkoholdestillation destillieren wir eine Mischung aus Alkohol und Wasser mit einer unterschiedlichen Beimischung von Aromastoffen.

Bier oder die Getreidemaische für einen Whisky oder Wodka liegt dabei kaum bei 5 % Alkoholanteil. Der Siedepunkt liegt dann deutlich näher am Wasser, also höher, denn Wasser kocht erst bei 100 °C. Es ist nicht möglich, am Alkoholsiedepunkt von 78 °C zunächst die 5 Vol.-% Alkohol aus einem Bier zu destillieren. Wir müssen je nach Alkoholanteil mit wesentlich höheren Temperaturen arbeiten, um die Maische zum Dampfen zu bringen. Alkohol und Wasser mischen sich. Der Siedepunkt ändert sich je nach dem Alkoholgehalt Ihrer Maische.
Destillieren wir Wein mit vielleicht 10 Vol.-% Alkoholgehalt, dann liegt der Siedepunkt schon etwas niedriger als bei einem Bier mit nur 5 Vol.-%. Destillieren wir eine mit Turbohefe angesetzte Maische aus Zuckerwasser mit 20 Vol.-%, liegt der Siedepunkt noch niedriger. Destillieren wir schließlich einen Raubrand mit 30 Vol.-% oder einen Wodka mit 40 Vol.-% liegt der Siedepunkt wiederum niedriger.

Das ist wichtig zu wissen, denn wenn der Siedepunkt niedriger liegt, können wir die Destille schneller aufheizen, die Destillation beginnt früher und der Dampfdruck wird höher. Bei einer Destillation mit hochprozentigem Alkohol dürfen wir auch die Brandgefahr nicht unterschätzen.[5] Je nach Raumtemperatur ist Alkohol schon ab etwa 40 Vol.-% brennbar. Ab 60 Vol.-% ist mit der Brennbarkeit nicht mehr zu spaßen, dann brennt er definitiv immer und noch Hochprozentigeres ist mit der Entzündbarkeit von Benzin zu vergleichen.[6]

5 Man ahnt nicht, wie viele „Geheimbrennereien" vor allem in den USA auffliegen, weil sie sich beim Destillieren oder beim Feststellen der Prozente selbst „abfackeln".

6 Bei uns wird Alkohol meistens in Volumenprozent angegeben. In den USA ist es üblich, den Alkoholgehalt in *proof* anzugeben. Dabei entsprechen 100 *proof* einem Alkoholgehalt von 50 Vol.-%. Das ist der Alkoholgehalt, mit dem durchfeuchtetes Schießpulver zu brennen beginnt. Bei niedrigeren Prozentgehalten ist die Feuchtigkeit zu hoch und das Schießpulver entzündet sich nicht. Mein Tipp: Vermeiden Sie es, während einer Destillation Alkohol mit Schießpulver zu mischen und dann anzuzünden!

Praktisches Destillieren des Raubrandes

Das ist einfach: Bier zu Bierbrand verarbeiten

Wir destillieren also zunächst ein Bier mit einem niedrigen Alkoholgehalt von etwa 5 Vol.-% in einer einfachen Destille. Das Ergebnis Ihrer Destillation wird zum Ende 25 bis maximal 40 Vol.-% aufweisen. Aber beachten Sie bitte dabei, dass „diese Prozente" nicht gleichmäßig über den gesamten Destillationsverlauf aus der Destille tropfen. Im Gegenteil. Zu Beginn der Destillation wird der Alkoholgehalt wesentlich höher und im brennbaren Bereich liegen. Das ist wichtig zu wissen. Der Alkohol ist, wie wir bereits gesehen haben, leichter flüchtig als Wasser und wird daher schneller und früher herausdestilliert. Die Mischung in Ihrem Brennkessel wird nach und nach weniger Volumenprozente an Alkohol aufweisen, ebenso wie der daraus aufsteigende Dampf. Das ist schließlich der Zweck der Destillation. Wir wollen den Alkohol vom Wasser trennen.

Diese erste Destillation beenden wir, wenn das Destillat lau zu schmecken beginnt, ölig zwischen den Fingern erscheint oder nur noch niedrige Volumenprozente aus der Destille kommen. Im Hobbybereich dürfen Sie hier gerne großzügig und vorzeitig beenden. Es kommt uns nicht auf die maximale Menge, sondern auf das optimale Aroma an. Beenden Sie also den Raubrand, wenn Sie das Gefühl haben, dass es sich nicht mehr lohnt, weiterzudestillieren. Irgendwann wird die Energie, die Sie dem Kessel zuführen, um weiterzudestillieren und die letzten Prozente herauszukitzeln, auch so hoch sein, dass es Ihnen sinnlos erscheinen wird, weiterzumachen. Ganz abgesehen vom Aroma, das zum Ende hin deutlich schlechter wird und mehr Fuselöle und Nachlaufstoffe enthält.

Den Raubrand beenden und verkosten?

Beenden Sie die Destillation und erfreuen Sie sich an Ihrem ersten Raubrand. Gerne dürfen Sie schon einmal vorsichtig verkosten, aber bevor Sie ihn wirklich trinken oder gar Ihren Gästen anbieten, destillieren Sie ihn erneut.

Für einen feinen Edelbrand sollten wir 60 Vol.-%[7] erreichen, um die optimale Balance aus Aromen und Reinheit des Alkohols zu erzielen. Bei der später folgenden zweiten Destillation müssen wir mehrere Dinge gleichzeitig beachten. Erstens hat unsere Ausgangsflüssigkeit mittlerweile einen deutlich höheren Alkoholanteil als bei der ersten Destillation. Das wird den Siedepunkt spürbar herabsetzen. Des Weiteren versuchen wir bei dieser zweiten Destillation aus dem vorher nur grob abdestillierten Raubrand die darin enthaltenen Schadstoffe abzutrennen, indem wir möglichst langsam aufheizen. Dadurch haben die leichter flüchtigen schädlichen Alkoholbestandteile die Möglichkeit, sich aus dem Raubrand herauszulösen, um es vor dem edlen Teil bis in den Kühler zu schaffen.

Den Vorlauf trennen wir erst bei der zweiten Destillation ab.

7 Nach Gesetz

Michael Weber beim sorgfältigen Abtrennen des Vorlaufes im Freilandmuseum Fladungen

Wichtig

Die ersten Tropfen, das erste Glas, die erste Flasche, die bei der zweiten Destillation (beim Feinbrand) aus Ihrer Destille rinnen, enthalten die leichter flüchtigen, niedrig siedenden Alkoholbestandteile, die Ihrer Gesundheit schaden können. Das ist der sogenannte Vorlauf mit einem hohen Methanol-Anteil, den Sie unbedingt getrennt vom danach folgenden Feinbrand aufbewahren sollten.

Normalerweise ist der Vorlaufanteil relativ gering. Ich empfehle Ihnen, je nach Größe Ihrer Destille, die ersten Tropfen des Destillates getrennt der Reihe nach in einzelnen Fraktionen zu sammeln, bevor Sie sich sicher sind und den edlen Mittelteil in Ihren Auffangbehälter laufen lassen. Stellen Sie dazu am Anfang einfach einige kleinere Gläser bereit und destillieren Sie diese hintereinander voll. Und riechen Sie daran, bis Sie sicher sind, ab welchem Glas Sie das Ganze trinken wollen.

Arbeiten Sie sauber und in bester Qualität, dann bleibt die Vorlaufmenge sehr gering.

Arabia-Destille mit weitem Destillierhut und nach unten abgehendem Geistrohr für aromastarke Destillationen

Vorlauf riecht unangenehm und stechend, etwa wie Nagellackentferner oder ein starkes Lösungsmittel, und hat einen zusammenziehenden Geschmack. Ihr erstes Gläschen wird stark nach Vorlauf riechen, aber vielleicht haben Sie Glück und das zweite duftet schon angenehm nach dem Ausgangsprodukt Ihrer Maische.[8]

Bitte beachten Sie, dass direkt nach dem Vorlauf der edelste Teil Ihres Brandes aus der Destille tropft, und zwar so hochprozentig, dass man es unverdünnt leider kaum schmecken kann.

Fachwissen: Aroma

Das Aroma in einem feinen Edelbrand, beispielsweise Williams Christ oder Kirsch, ist bei einem hohen Alkoholgehalt nicht mehr zu schmecken. Der starke Alkoholgeschmack übertönt schnell die feinen Aromen. Deswegen sollten Sie einen guten aromatischen Brand nach Möglichkeit zwischen 38 und 42 Vol.-% einstellen. Besonders edle Brände können in Einzelfällen auf bis über 50 Vol.-% eingestellt werden, aber schon bei 60 Vol.-% ist es unmöglich, die feinen Aromen noch herauszuschmecken. Der erste Teil Ihres Feinbrandes wird sehr wahrscheinlich über 70 Vol.-% aufweisen. Denken Sie daran, wenn Sie am Anfang einer Destillation verkosten wollen, ob es sich um Vorlauf oder schon um den feinen Brand handelt, dass gerade an dieser Stelle die Geschmacksnerven durch den Alkoholgehalt überfordert sein könnten.

8 Alles in allem sollte Ihr Vorlauf ein, maximal zwei Schnapsgläschen bei fünf Litern Maische kaum überschreiten. Trennen Sie Ihrer Gesundheit zuliebe im Zweifelsfall lieber ein paar Tröpfchen zu viel als zu wenig ab.

Praktisches Destillieren des Feinbrandes

Wir verwenden also den Brand aus der vorherigen einfachen Destillation (den Raubrand) und heizen ihn vorsichtig in unserer Destille auf. Die Menge Ihres Raubrandes ist deutlich geringer als die der ursprünglichen Maische, Sie haben ja bereits einmal destilliert und dabei eine gute Menge der ursprünglichen Flüssigkeit abgetrennt. Optimal wäre es deswegen, für den Feinbrand eine zweite, kleinere Destille zu verwenden.[9] Ich verrate Ihnen später aber noch, wie man auch in einer einzigen kleinen Destille effizient Rau- und Feinbrand destillieren kann. Am besten folgen Sie diesem zweiten Teil zunächst nur in der Theorie, wenn Sie denken, Ihr Raubrand könnte von der Menge her zu wenig für Ihre Destille sein. Andererseits ist es kein Nachteil, wenn die Destille nur zu einem Viertel gefüllt ist, die Destillation wird trotzdem funktionieren und ein Anbrennen ist beim Feinbrand sicher nicht zu befürchten.

Wie schon gesagt, heizen wir im Unterschied zur ersten Destillation den Feinbrand möglichst langsam auf. Es gilt, den schon beim Wasser beschriebenen „Vornebel" abzufangen. Wenn wir langsamer aufheizen, gelingt es uns besser, die feineren Inhaltsstoffe aus der Maische zuerst durch das Geistrohr zu locken. Es geht hier darum, genau diese Vorstoffe vorsichtig herauszudestillieren, denn hier haben sich die Schadstoffe versteckt. Das Destillat sollte anfangs nur langsam herausrinnen, damit Sie es Tropfen für Tropfen auffangen können.

Die ersten Tropfen destillieren wir sicherheitshalber in kleine Gläser, um die einzelnen Abschnitte am Anfang besser miteinander vergleichen zu können.

Trennen Sie im Zweifelsfalle lieber ein paar Tropfen zu viel als zu wenig ab. Noch besser, destillieren Sie, wie vorher schon beschrieben, die ersten Tropfen der Reihe nach in mehrere Gläser[10], um später eventuell mit Wasser verdünnt nachschmecken zu können. Der Übergang vom giftigen Vorlauf zum edelsten Teil des Destillates ist fließend. Einen Brand ohne Vorlaufbestandteile kann es nicht geben. Hier besteht die Kunst darin, den richtigen Kompromiss einzugehen und an der richtigen Stelle den Vorlauf vom nachfolgenden Edelbrand zu trennen. Sind Sie sich nicht sicher, dann trennen Sie lieber etwas mehr ab. Ihr Destillat und Ihre Gesundheit werden es

Wohin mit dem Vorlauf? Verwenden Sie ihn äußerlich. Zum Beispiel medizinisch als „Franzbranntwein".

9 In den schottischen Whiskybrennereien beispielsweise ist es üblich, den Raubrand und den Feinbrand in verschiedenen Brennanlagen zu destillieren.

10 Hierbei trennen Sie unterschiedliche Fraktionen (Teile) aus dem Destillat mit verschiedenen Siedepunkten ab. Diesen Vorgang nennt man fraktionierte Destillation.

Auch der Nachlauf will abgetrennt werden …

Ihnen danken und im Hobbybereich müssen Sie nicht auf maximale Menge achten. Sie dürfen exklusiv die bestmögliche Qualität für sich selbst herstellen.
Nach dem Abtrennen des Vorlaufes erhöhen Sie die Temperatur und destillieren Sie Ihren Edelbrand so lange weiter, bis er schal zu schmecken beginnt. Dann dürfte auch die Dampftemperatur auf deutlich über 92 °C geklettert sein und Sie können die Destillation beenden. Der edle Teil bei einer Feinbranddestillation ist der Mittelteil. Was jetzt noch folgt, enthält diverse weniger feine Restaromen, Fuselöle und einige leicht schädliche, erst bei höheren Temperaturen flüchtig werdende Nachlaufstoffe, die wir dem Aroma zuliebe auch lieber frühzeitig abtrennen.

Effizientes Destillieren

Die vorher beschriebene traditionelle Methode des doppelten Destillierens erfordert etwas mehr Zeit und Liebe, als man heute für ein Meisterwerk zu opfern bereit ist. Wo ein Edelbrand noch traditionell doppelt gebrannt wird, kann man sicher sein, dass der Brenner mit der nötigen Liebe sein Werk verrichtet und seine Brände einer hohen Qualität entsprechen.

Das Alkoholmeter muss beim Abmessen der Volumenprozente frei schwimmen können.

Wenn Sie selbst doppelt brennen möchten, empfiehlt es sich zunächst, mehrfach hintereinander den Brennkessel mit Maische zu füllen und jeweils nur den Raubrand herauszudestillieren. Dabei können Sie den Raubrand sammeln, bis Sie genug zusammen haben, um den Kessel wieder komplett zu befüllen. So kann man auch mit einer kleineren Destille relativ effizient größere Mengen an Maische abbrennen. Bei der Raubranddestillation gibt es, wie wir bereits gesehen haben, wenig zu beachten. Heizen Sie schnell auf, damit Sie die feinen Aromen Ihrer Maische nicht zerkochen und passen Sie auf, damit nichts anbrennt.

Der Raubrand lässt sich im Gegensatz zu einer fertig vergorenen Maische über lange Zeiträume lagern. In vielen Fällen empfiehlt es sich deshalb, für ein optimales Aroma und eine ebenso optimale Haltbarkeit, den Raubrand direkt nach dem Gärende der Maische noch im Herbst zu brennen. Den späteren Feinbrand kann man in die besinnlicheren Wintermonate verschieben und mit dem Einheizen der Destille zugleich wohlige Wärme und Gemütlichkeit in die kalte Stube bringen.

Die Menge des Raubrandes ist nach der Destillation deutlich niedriger als die der Maische, die Sie vorher in den Kessel gegeben hatten. Je nachdem, was Sie destillieren, kann die Menge stark unterschiedlich ausfallen. Eine Maische für Whisky beispielsweise hat nur 4 bis 5 Vol.-% Alkohol. Mehr Alkohol, als in der Maische vorhanden ist, kann man auch nicht abdestillieren. Im Gegenteil, es wird immer weniger bleiben, als rechnerisch möglich wäre.

Man kann aus der Maische nicht mehr Alkohol destillieren, als enthalten ist! Im Gegenteil …

Mengenverhältnisse

Bei zehn Litern einer 5%igen Maische (Bier oder Whiskymaische) wären rein rechnerisch 500 Milliliter Alkohol enthalten. Bei einer 10%igen Maische (Obstmaische, Wein) kommen wir auf einen Liter Alkohol und bei einer mit Turbohefe vergorenen Zuckerlösung können wir bis zu 20 % erhalten, was der theoretischen Menge von zwei Litern Alkohol entsprechen würde.[11] Das sind also die Mengen an reinem Alkohol, wie sie in unserer Maische enthalten sind.

Möchten Sie jetzt zuerst die gute oder die schlechte Nachricht? Nun, die schlechte ist, dass wir diese Menge an reinem Alkohol aus verschiedenen Gründen nicht vollständig herausdestillieren können. Erstens ist reiner Alkohol schon rein technisch nicht möglich. Auch nach der stärksten Reinigung bleibt immer ein Restanteil Wasser enthalten, sodass wir im Allgemeinen bereits einen 95,6%igen Alkohol als reinen Alkohol bezeichnen.[12] Zum Zweiten müssen wir den anfänglich enthaltenen giftigen Vorlauf sowie den noch im Nachlauf enthaltenen Restalkohol abziehen, was ebenfalls den Gesamtertrag schmälert.

Es gibt keinen 100%-igen Alkohol!

Aber ich habe auch noch eine gute Nachricht für Sie. Wenn Sie Trinkalkohol herstellen möchten, genügen 40 Vol.-%. Ein hochprozentigeres Getränk ist normalerweise nicht sinnvoll. Wie wir vorhin schon gelernt haben, würde der starke Alkohol die feinen Aromen schnell übertönen. Bei einem Obstschnaps oder einem Whisky versuchen wir durch die Feinbranddestillation 60 Vol.-% zu erreichen und geben später Wasser dazu, um das Destillat auf die optimale Trinkstärke von zumeist 40 Vol.-% zu verdünnen.

Hurra! Es wird wieder mehr! Zum Trinken verdünnen wir auf 38–42 Vol-% …

11 Von 0,5 Liter Bier werden wir ja auch weniger betrunken als von 0,5 Liter Wein, 0,5 Liter Likör oder Schnaps.

12 Wasser und Alkohol bilden ein sogenanntes azeotropes Gemisch. Das meint, dass der Siedepunkt bei einem bestimmten Mischungsverhältnis bei beiden Substanzen gleich bleibt. Bei Alkohol liegt dieses Verhältnis bei 95,4 %. Ohne zusätzliche Zugabe eines Schleppmittels (z. B. Cyclohexan) kann nicht hochprozentiger destilliert werden.

Alkohol-Volumen aus der Menge rechnen und verdoppeln. So viel wird es werden …

Für grobe Berechnungen ist jedoch 100%iger Alkohol die Basis. Und weil wir später mit Wasser auf 40 % verdünnen, zugleich aber beim Destillieren Verluste haben, erlaube ich mir diese Menge einfach zu verdoppeln. Bei einem Liter 100%igen Alkohols würde ich normalerweise ca. 1,5 Liter Wasser zugeben, um einen 40%igen Trinkalkohol zu erhalten. Die 100 % müssen auf 40 % herabgesetzt werden. Aus dem Liter könnte ich 2,5 Liter 40%igen mischen. Wegen der Verluste beim Destillieren und weil es ohnehin keinen 100%igen Alkohol gibt, wäre das als Berechnungsgrundlage aber falsch. Deswegen vereinfache ich und nehme einfach die leicht zu berechnende Menge reinen Alkohols aus einem Bier, einem Wein, einer Maische oder einem Schnaps und verdoppele die Menge. Das entspricht etwa dem, was man später auf Trinkstärke herabgesetzt in die Flasche füllen kann.

Den Raubrand aus mehreren Destillationen sammeln

Würden wir den Raubrand aus zehn Litern Maische wieder in den Brennkessel geben, wäre dieser kaum zu einem Drittel gefüllt. Deswegen kann man effizienter arbeiten, wenn man zunächst größere Mengen der Maische in Raubrand verwandelt und für die spätere Feinbranddestillation sammelt. Oder Sie arbeiten, wie es in den Whiskybrennereien üblich ist, gleich mit zwei unterschiedlich großen Destillen.

Mit einer Verstärker- oder Rektifizierungseinrichtung an der Destille können Sie den Destillationseffekt verstärken. Je nachdem, welches System Sie nutzen, ist die Wirkungsweise dann dieselbe wie bei einer zweiten Destillation direkt im Anschluss an die erste. Sie können auf Anhieb 60 oder 70 Vol.-% erreichen und sich einen Arbeitsschritt, nämlich den der zweiten Destillation, sparen.

Improvisierte Verstärkereinrichtung im Inneren einer traditionellen Kolonnenbrennerei aus umgestülpten Gläsern

In der gewerblichen Obstbrennerei verwendet man heute zumeist Anlagen mit aufgesetzten Kolonnen, die vom Wirkungsgrad her verstellbar sind. Je nach Einstellung der Böden in der Kolonne kann der Brenner dann unterschiedlich rektifizieren und nach einem kurzen Testlauf die gewünschten 60 Vol.-% während der ersten Destillation erreichen.

Für uns Privatbrenner wären diese Brennereianlagen meistens zu teuer und zu kompliziert, was aber nicht meint, dass wir deswegen auf eine Rektifizierung verzichten müssen. Als gute Verstärkereinrichtungen funktionieren auch traditionellere Methoden, wie beispielsweise eine zusätzlich angebrachte und wassergekühlte Rektifizierungslinse, ebenso wie ein mit Raschigringen oder Gläsern befüllter Raum über dem Brennkessel.

Hohe Destillierkolonne aus der Ausstellung der Nordhäuser Kornbrennerei zum hochprozentigen Destillieren

Hochprozentiges Destillieren

Bei der vorangegangenen Alkoholdestillation hatten wir versucht, möglichst viele Aromen aus der ursprünglichen Maische zu erhalten. Durch das schnelle Aufheizen der Destille und einer vorsichtigen Destillation auf 60 Vol.-% erhalten wir einen aromatischen Edelbrand mit dem feinen Aroma der eingemaischten Früchte.

Was, wenn wir nochmal destillieren?

Was aber geschieht, wenn wir den Feinbrand ein weiteres Mal destillieren? Oder wenn wir durch die Bauart der Destille bedingt noch höher rektifizieren? Der Alkohol wird hochprozentiger! Mit jedem einzelnen Destillierschritt erhalten wir einen noch hochprozentigeren und reineren Alkohol.

Wird Alkohol mit jeder zusätzlichen Destillation noch hochprozentiger?

Thaddaeus Alderotti beschreibt im 13. Jahrhundert den destillierten Alkohol erst nach der 10. Destillation als von nicht mehr zu überbietender Vortrefflichkeit, als „perfectissima", aber schon nach sieben Destillationen als „perfecta" und nach vier Destillationen als ausreichend hochprozentig. Ähnlich verhält es sich auch heute noch. Solange wir eine normale Destillieranlage ohne zusätzliche Verstärkereinrichtungen verwenden, ist es relativ einfach, die bereits vorhandenen 60 Vol.-% aus dem Feinbrand erneut zu destillieren. Doch je hochprozentiger der Alkohol wird, desto schwieriger wird es, den Alkoholgehalt weiter zu steigern. Irgendwann nach mehreren Destillationen wird der Alkoholgehalt irgendwo bei um die 90 Vol.-% hängen bleiben. Wir können dann in einer herkömmlichen Destille die Alkoholkonzentration kaum mehr merklich steigern. Nur echte Alchemisten werden die Geduld aufbringen, um einen „reinen" Alkohol mit traditionellen Verfahrensweisen noch hochprozentiger zu destillieren.

Von der Kunst, nicht versehentlich zu hochprozentig zu destillieren ...

Laut Gesetz sind bei einem Edelbrand 60 Vol.-% vorgeschrieben, die erreichen wir in der Regel ohne Probleme mit der zweiten Destillation. Diese Alkoholkonzentration ist eine perfekte Mischung aus Reinheit des Alkohols gepaart mit den maximal möglichen Aromen aus der Maische. Die Kunst ist es auch, nicht versehentlich hochprozentiger zu destillieren. Für einen Edelbrand ist es schließlich vonnöten, die ursprünglichen Aromen aus der Maische zu erhalten.

Einen Wodka dagegen wünschen wir möglichst klar und frei von Aromen. Hier kommt es darauf an, den Alkohol von allen Aromen zu befreien und das geschieht je nach Marke ebenfalls durch zusätzliche Destillationen[13] oder durch die Verwendung von Verstärkereinrichtungen an der Destille.

13 Wodka wird drei- bis viermal destilliert, einzelne Sorten bis zu neunmal. Zusätzlich wird Wodka kalt gefiltert, um weitere Aromen herauszunehmen.

Wir können einen Wodka, Rum, Korn oder einen neutralen Alkohol als Grundlage für Liköre oder zur Geistherstellung mit einer einfachen Destillieranlage auch selbst herstellen, wenn wir nur oft genug destillieren. Dabei ist es dann egal, was wir als Grundlage nehmen. Schmecken kann man am Ende nicht mehr, ob ein hochprozentig gebrannter Alkohol aus einer Obstmaische, aus Getreide, Kartoffeln, aus Zuckerwasser oder aus Gartenabfällen hergestellt wurde.[14]

Wenn wir noch hochprozentigeren oder fast reinen Alkohol benötigen, etwa als Grundlage für Heilmittel[15], Parfumes oder als Treibstoff in unserem Auto, dann müssen wir zu einer hohen Kolonne mit Verstärkereinrichtung greifen. Im Hobbybereich empfehlen sich speziell zu diesem Zweck gebaute Refluxdestillen, mit denen man auf Anhieb je nach Befüllung über 90 Vol.-% destillieren kann.

Bitte beachten Sie, dass der Druck im Inneren einer Refluxdestille, ebenso wie bei der Destillation von hochprozentigem Alkohol, höher werden kann als in einer normalen Destille und dass die Anlage entsprechend sicherer gebaut sein muss. Achten Sie vor allem beim zusätzlichen Befüllen der Kolonne mit Raschigringen oder anderen Füllkörpern darauf, dass Sie dem Dampf eine Möglichkeit lassen, den Weg bis in den Kühler zu finden. Wie bei einem Dampfdrucktopf könnte sich sonst starker Druck aufbauen und im schlimmsten Fall sogar zur Dampfexplosion führen.

Mit einer Refluxdestille lässt sich Alkohol schon im ersten Durchgang relativ hochprozentig destillieren.

14 In der Ukraine und in Russland gibt es ein Reinheitsgebot für Wodka. Dieser darf dort nur aus Getreide, Kartoffeln oder Melasse hergestellt werden. In Europa darf Wodka aus beliebigen Grundlagen destilliert werden (auch aus Küchenabfällen).

15 Nach Paracelsus sollten wir für Heilmittel Weingeist verwenden. Der „reine" Alkohol, den wir in der Apotheke kaufen, ist kein Weingeist, sondern eine Mischung aus Industriealkoholen.

Sicherheit beim Destillieren

Denken Sie beim Kauf oder beim Bau einer Destille daran, dass Sie mit Druck und extrem leicht entzündlichen Materialien arbeiten! Normalerweise verläuft eine Destillation bei niedrigem Druck und es kann nichts passieren. Ein einfaches Aufschäumen der Maische kann aber im schlimmsten Falle schon genügen, um ein Geistrohr zu verstopfen. Achten Sie auf einen ausreichenden Durchmesser der Geistrohre und Verschraubungen. Ihr Brennkessel sollte nicht zu fest verschlossen werden, damit Überdruck nötigenfalls entweichen kann! Der Kessel muss sich leicht öffnen lassen, alternativ könnte ein Überdruckventil verbaut sein.[16] Ansonsten wäre es ratsam, wegen der leichten Entzündlichkeit vor allem bei Alkoholdestillationen über 60 Vol.-% etwas besser aufzupassen und vielleicht eine Löschdecke oder einen Feuerlöscher bereitliegen zu haben.

Alte Kornbrennerei in Dänemark (Den Gamble By in Arhus) mit großen offenen Maischebottichen im Vordergrund

16 Die meisten „Moonshiner“ verraten sich durch versehentlich entfachte Feuer.

Einmaischen – Die Entstehung von Alkohol

Da sprechen wir die ganze Zeit schon vom Destillieren und haben noch nicht einmal eine Grundlage geschaffen. Beim Schnapsbrennen stellen wir den Alkohol ja nicht her, sondern reinigen und veredeln ihn. Die Destillation dazu ist eine Seite der Kunst. Um einen wirklich guten Trinkalkohol selbst herstellen zu können, müssen wir auch das Einmaischen erlernen, denn hierbei entsteht der Alkohol.[17]

Alkohol entsteht nicht beim Destillieren!

Wir kennen verschiedene Wege, um Alkohol im Hobbybereich herzustellen, und glücklicherweise sind alle legal. Das Gesetz scheint bei der eigentlichen Alkoholherstellung großzügiger zu sein als bei der späteren Alkoholreinigung durch die Destillation. Bier, Met, Most und Wein (auch Obstwein) sind die alkoholhaltigen Getränke, die wir alle kennen und teilweise schon seit Jahrtausenden herstellen können und zumeist auch dürfen. Zusätzlich möchte ich noch die Brennmaische erwähnen, die speziell zur Destillation von Obstbränden angesetzt wird und der Herstellung von Obstwein sehr ähnlich ist.

Grundsätzlich basiert die Alkoholherstellung auf der Aktivität von Hefekulturen, die Zucker aufnehmen und Alkohol abgeben. Das klingt zunächst sehr einfach und funktioniert gut, wenn Sie sich ein bisschen um Ihre Hefen kümmern. Sorgen Sie dafür, dass es Ihren Hefen gut geht, dann werden diese sich liebend gerne auf den Zucker in Ihrer Maische stürzen und diesen restlos in Alkohol umwandeln.

Für die Herstellung von Alkohol müssen wir unsere Hefen verstehen …

Fachwissen: Hefen

Es lohnt sich, die Unterschiede zwischen den einzelnen Hefesorten zu kennen und zu verstehen, was eine Hefe kann und was nicht. Mit dem richtigen Verständnis dafür, was Ihre Hefe braucht, um zu gedeihen, wird Ihnen sicher auch die Zubereitung der richtigen Maische als „Lebensraum" für Ihre Hefen gelingen.

Für die alkoholische Gärung oder als Triebmittel beim Backen zeichnen schon seit frühesten Zeiten die Hefen verantwortlich. Allerdings konnte erst Louis Pasteur im 19. Jahrhundert beweisen, dass

17 Alternativ können Sie diesen Teil überspringen und gekauften Alkohol destillieren. Bier wird beim Destillieren zu Bierschnaps, Korn oder Whisky, Wein wird Brandy und alles, was Alkohol enthält, können Sie hochprozentig zu Wodka oder Primasprit ausbrennen.

es auch wirklich die Hefen sind, die zur Vergärung und Fermentierung führen.[18] Davor überließ man seine Maische der natürlichen und eher zufälligen Spontangärung durch wilde Hefen.

... über 700 Hefesorten!

Hefen sind winzige Mikroorganismen, genau genommen Pilze, die mit bloßem Auge nicht zu erkennen sind. Es existieren über 700 Hefesorten, die gemeinsam mit Bakterien und anderen Mikroorganismen unsere Erdoberfläche millionenfach bewohnen. Tatsächlich hatte man über Jahrtausende vergoren, ohne Hefe zugeben zu müssen oder überhaupt die Wirkungsweise von Hefen zu kennen. Und jahrtausendelang hat das gut funktioniert. Auch heute verlässt man sich in Obstbrennereien und in „alten" Weingütern noch teilweise auf die Spontangärung durch natürliche Hefestämme.

Spontane Vergärung durch wilde Hefen?

Kernobst und Trauben bieten von Natur aus den optimalen Lebensraum für die alkoholerzeugenden Weinhefen. Meistens sind Trauben und Obst schon vor der Ernte von allerlei Hefepilzen besiedelt. Beim Einmaischen für die Obstbrennerei liegt auch der ph-Wert relativ niedrig (optimalerweise bei etwas unter 3,5), was den Hefen sehr entgegenkommt. Die alkoholproduzierenden Hefen können sich schnell vermehren und andere Hefekulturen oder Bakterien haben kaum mehr eine Chance im Kampf um die „Mehrheit" im Maischefass.

Warum Reinzuchthefen kaufen?

Aber warum dann Reinzuchthefen kaufen? Bei der spontanen Vergärung ist man darauf angewiesen, zufällig die richtigen Hefen in ausreichender Menge versammelt zu haben. In einem alten Weinkeller oder in einem seit Generationen verwendeten Holzzuber oder Braubottich kann man leicht noch die richtigen Hefen entdecken. In der sterilen Welt der Kunststoff- und Edelstahltanks sind aber viele Hefestämme bereits ausgestorben oder nur noch in geringer Menge vorhanden. Außerdem bleibt auch unter den besten Bedingungen das Risiko einer Fehlgärung bestehen. Selbst beim eigentlich unkomplizierten Wein verwendet man schon seit den 60er-Jahren spezielle Reinzuchthefen. Bei anderen Obstsorten und Getreidemaischen für Korn, Whisky, Wodka oder Bier liegt das Risiko einer Fehlgärung deutlich höher. Der ph-Wert liegt oftmals deutlich über dem, was für die Alkoholhefen optimal wäre. Auch hier verwendet man heutzutage fast überall Reinzuchthefen.

18 Im bayerischen Reinheitsgebot für Bier von 1516 wird Hefe beispielsweise noch nicht erwähnt.

Eine Reinzuchthefe ist, wie der Name schon sagt, eine zu einem bestimmten Zweck „rein" gezüchtete Hefesorte. Eben die beste Hefe für Ihre Maische. Impfen Sie Ihre Maische mit einer speziellen Hefe, können Sie sich sicher sein, das diese von Anfang an in ausreichender Menge vorhanden ist. Das gibt ein gutes Gefühl und einen hohen Ertrag.

Das gute Gefühl zum hohen Ertrag ...

Gibt es nun auch Nachteile bei der Verwendung von Reinzuchthefen? Ja, die gibt es. Das betrifft zwar nicht Ihre Maische oder Ihren eigenen Wein, hier empfehle ich Ihnen in jedem Fall, eine gute Hefe zu verwenden. Insgesamt gesehen ist die Verwendung von Reinzuchthefe aber ein Problem. Alte Hefestämme sterben aus, Hefemischungen, die früher regional unterschiedlich sein konnten und einzelne Bier- und Weinkeller über Generationen bevölkerten, werden verdrängt. Individuelle Aromen und klar unterscheidbare Sorten schon allein durch die Gärung sind kaum noch vorhanden. Vor allem beim Bier ist dieser „Gleichmachungsprozess" nicht mehr aufzuhalten. Ein großer Verlust für die ursprüngliche Artenvielfalt – Bier schmeckt heute oft angepasst und fast überall gleich. Auch beim Wein kann man schon ähnliche Tendenzen beobachten.

Zunächst können Sie mit jeder handelsüblichen Hefe vergären. Falls Sie gerade nichts anderes zur Hand haben, probieren Sie es einfach einmal mit einer Backhefe. Das funktioniert auch. Sie werden aber schnell merken, dass Sie mit einer Reinzuchthefe zur Alkoholherstellung deutlich bessere Ergebnisse erzielen, dass das Hefearoma in einem Wein weniger aufdringlich ist und auch beim Destillieren weniger Vorlauf anfällt. Wenn Sie Wein mit Backhefe ansetzen, dann ziehen Sie den Wein möglichst frühzeitig ab, um ihn von den Hefeüberresten zu trennen, bevor diese ihr Aroma durch lange Lagerung abgeben. Falls Sie einen Cognac destillieren möchten, dann ist der etwas seifige Restgeschmack durch die abgestorbenen Hefen meistens gewünscht.

So oder so, zur Herstellung eigener Brennmaische oder Weine würde ich Ihnen trotz der etwas komplizierteren Handhabung zu einer Lebendkultur raten.

Sicherheitshalber sollten Sie reingezüchtete Hefen zusetzen, um Ihrer Maische von Anfang an die optimalen Grundlagen zu bieten.

Lebendkulturen – langsames Einmaischen für aromatische Edelbrände

Hefelebendkulturen sind für allerlei verschiedene Obstsorten und Verwendungszwecke optimiert gezüchtet und sicher auch beim Schnapsbrennen die beste Wahl für eine langsame und aromastarke Vergärung. Übrigens sind Hefelebendkulturen relativ empfindlich und sollten in einem Kühlschrank gelagert werden. Vor allem hohe Temperaturen können die Hefen schon vor der Zugabe abtöten. Um ganz sicher zu gehen, noch einen „lebenden" Hefestamm zu haben, empfiehlt es sich, zunächst einen kleinen Ansatz in einer Flasche anzuzüchten. Mischen Sie hierzu etwa 50 Gramm Zucker mit einem halben Liter Apfel- oder Traubensaft in einer Flasche und lassen Sie das Ganze mindestens 12 Stunden stehen, bis es richtig gärt. Jetzt können Sie sicher sein, dass Ihre Hefen gesund sind, und Sie können den Flascheninhalt Ihrer Maische zugeben.

Trockenreinzuchthefen wegen der besseren Lagerfähigkeit

Einfacher in der Handhabung sind die **Trockenreinzuchthefen**. Hierbei handelt es sich um getrocknete Hefen, die erst nach der Zugabe in die Maische aktiv werden. Auch hierbei empfiehlt sich für eine optimierte Anwendung die Aktivierung schon vorher in einer Flasche oder in einem Glas. Wenn Sie nicht so viel Aufwand betreiben möchten, können Sie die Trockenhefe auch direkt in die Maische einrühren. Die Hefe wird normalerweise trotzdem innerhalb kurzer Zeit aktiv.

Turbohefe gelingt immer ...

Zum Dritten sollten Sie noch den Unterschied zu den sogenannten **Turbohefen** kennen. Eine Turbohefe ist ebenfalls eine Trockenreinzuchthefe, wird aber mit einer optimal abgestimmten Hefenahrung geliefert. Das garantiert eine sehr schnelle und ertragsreiche Vergärung und vermindert das Risiko einer Fehlgärung. Turbohefen gibt es in verschiedenen Ausführungen für Obst- und Getreidemaischen sowie zur Herstellung von neutralem und hochprozentigem Alkohol aus Zuckerwasser.

Turbohefe ist deutlich unkomplizierter in der Anwendung. Die ideale Hefe bei höheren Temperaturen, schwierigeren Früchten und wenn Sie es unkompliziert mögen.

Ich würde einem Profi oder Fortgeschrittenen für den liebevoll aus frischem Obst hergestellten Edelbrand (und für eigenen Wein) die Hefelebendkulturen und eine langsame Vergärung in einem richtigen Keller empfehlen. Zugleich möchte ich dazu raten, immer einige Päckchen Trockenhefe bereitliegen zu haben. Falls Ihre Lebendkultur doch nicht mehr ganz so lebendig war oder wenn Sie sich spontan zum Einmaischen entschließen, werden Sie froh sein, wenn ein Päckchen Trockenhefe bereitliegt. Auch mit Trockenhefen kann man hervorragende Ergebnisse erzielen.

Welche Hefe würde ich empfehlen?

Und wenn Sie es eilig haben oder sicher sein möchten, dass Ihre Maische garantiert gelingt, aber auch, wenn Sie etwas sehr Hochprozentiges oder Aromaneutrales herstellen möchten, wäre eine entsprechend optimierte Turbohefe die beste Wahl. Auch für Whisky, Korn oder Wodka würde ich zur Turbohefe raten. Turbohefe ist wegen der unkomplizierten Eigenschaften auch ideal für Anfänger geeignet.

Turbohefen: Ideal für Einsteiger!

Welche Hefesorte zu welchem Zweck?

Auf dem Markt kann man eine Menge verschiedener Reinzuchthefen kaufen, aber die Namen verwirren eher, als dass sie wirklich bei der Auswahl helfen.

Eine **Portweinhefe** ist beispielsweise eine extrem vielseitig verwendbare Hefe mit hervorragenden fast universell einsetzbaren Eigenschaften. Portweinhefe eignet sich für fast alle Obstsorten und natürlich auch für Trauben zur Herstellung von Portwein[19]. Wenn Sie sich nicht sicher sind, welche Hefe die richtige für Sie ist, dann nehmen Sie einfach eine Portweinhefe. Die Firma Arauner beispielsweise empfiehlt Portweinhefe für die folgenden Obstsorten: Ananas, Aprikose, Banane, Dattel, Eberesche, Erdbeere, Grapefruit, Hagebutte, Himbeere, Holunderbeeren und -blüten, Honig (Met), Ingwerwein, Johannisbeere, Kiwi, Kornelkirsche, Löwenzahnblüte, Mahonie, Melone, Mirabelle, Orange, Pfirsich, Pflaume, Preiselbeere, Quitte, Rhabarber, Rote Beete, Sanddorn, Kirsche, Schlehe, Stachelbeere und natürlich Trauben (für Portwein).

Portweinhefe: Für jeden Zweck geeignet

19 Ein Portwein wird übrigens nicht so hochprozentig vergoren, sondern es wird dem eigentlichen Wein Brandy beigemischt. Normale Hefen sterben spätestens bei 16 % Alkohol, Portwein hat aber oft sogar über 20 %.

... und noch mehr Hefen ...

Auch die **Sherry-Reinzuchthefe** eignet sich für deutlich mehr als nur den Spanischen Sherry der Pedro-Ximénez-Weinreben. Mit einer Sherryhefe vergären Sie auch ebenso gut Stachelbeeren, Kiwis oder Hagebutten.

Ebenso kann die **Malaga-Reinzuchthefe** mehr und eignet sich perfekt zum Einmaischen von Aprikosen, Datteln, Erdbeeren, Hagebutten, Mirabellen, Orangen sowie den meisten anderen Obstsorten und natürlich des berühmten süßen Malagaweins.

Mit einer **Champagner-Reinzuchthefe** maischen Sie helle Trauben für Sekt und leichte Weißweine oder Holunderblütensekt, und die wohlklingende **Steinberghefe** ist vermutlich auch eine gute Wahl für helle Trauben und außerdem die beste Wahl für Äpfel, Birnen, Quitten und anderes Kernobst.

Darüber hinaus finden Sie sicher auch noch allerlei Spezialhefen, wie beispielsweise die **Brennerei-Reinzuchthefe**, die auf die Anforderungen bei der Brennmaische optimiert wurde und sich auch besonders für Cuvées, also Maischen aus gemischten Obstsorten, eignet. Oder die Kaltgärhefen, die auch bei niedrigeren Temperaturen um die 7 °C noch Zucker in Alkohol wandeln können.

Was die Hefen brauchen

Die Hefen in Ihrer Maische sind einem ständigen Konkurrenzkampf mit anderen Mikroorgansimen ausgesetzt. Durch die Zugabe von bestimmten Hefekulturen geben wir unserer Hefe einen Vorsprung, weil sie von Anfang an in ausreichender Menge vorhanden ist. Trotzdem bleiben die „Konkurrenten“ nicht untätig und wir müssen dafür sorgen, dass unsere Hefen sich durchsetzen und diesen für uns beinahe unsichtbaren Kampf gewinnen. Das tun wir am besten, indem wir den Alkoholhefen genau das bieten, was sie benötigen.

Gemäßigtes Klima

Zunächst sollten wir bei allem, was die Hefen und die Vergärung betrifft, auf das richtige Klima achten. Bei zu niedrigen Temperaturen werden die Hefen inaktiv und arbeiten langsam. Bei zu hohen Temperaturen sterben die Hefen ab. Höhere Temperaturen wären darüber hinaus auch noch ein Brutkasten für allerlei Bakterien, die wir nicht in der Maische haben möchten.

Wichtig

Achten Sie schon vor der Hefezugabe auf die richtige Temperatur Ihrer Maische. Im Morgengrauen geerntetes Obst könnte zu kalt sein. Eine bei 72 °C verzuckerte Getreidemaische oder in kochendem Wasser aufgelöste Zuckermaische sind sicher zu heiß. Ihre Hefe würde sofort absterben.

Wichtig: Das optimale Wohlfühlklima

Nach Möglichkeit sollte die Temperatur über den gesamten Gärverlauf gleichmäßig bleiben. Berücksichtigen Sie das schon bei der Wahl Ihrer Lagerortes. Je nach Hefesorte kann die ideale Temperatur unterschiedlich sein. Für Reinzuchthefen liegen die optimalen Temperaturen meistens zwischen 15 und 20 °C. Turbohefen vertragen höhere Temperaturen, teilweise sogar bis über 30 °C. Aus diesem Grund eignen sich Turbohefen gut zum Vergären im Sommer oder in südlichen Ländern. In der kalten Jahreszeit oder im Norden kann man auch spezielle Kaltgärhefen verwenden, die selbst bei niedrigen Temperaturen um die 7 °C noch aktiv bleiben.

So oder so, Sie sollten wissen, dass eine niedrigere Temperatur zu einem langsameren Gärverlauf führt, zugleich aber zu einer optimalen Aromaausbeute beiträgt. Umgekehrt führt das Vergären mit Turbohefe bei hohen Temperaturen zu höherer Alkoholausbeute und mehr Sicherheit beim Vergären, Sie müssen aber dafür eventuell mit Aromaeinbußen rechnen.

Der richtige ph-Wert

Perfekte Umgebungsbedingungen durch Säure schaffen!

Ich würde Ihnen unbedingt empfehlen, den ph-Wert Ihrer Maische zu messen und über den gesamten Gärverlauf zu beobachten. Warum? Nun, Alkoholhefen vertragen niedrige ph-Werte, Bakterien und wilde Hefen nicht. Aus diesem Grund sollte man den ph-Wert seiner Maische möglichst genau kennen und durch die Zugabe einer Säure auf einen Wert zwischen 2,8 und 3,5 herabsetzen. Die Hefen können sich dann unbelastet weiterentwickeln, die unliebsame „wilde" Konkurrenz wird sich aber in dieser sauren[20] Umgebung unwohl fühlen und höchstwahrscheinlich nicht mehr durchsetzen können.

20 Wasser liegt mit einem ph-Wert von 7 genau in der Mitte der „Säureskala" und gilt als neutral. Alles darüber ist basisch, alles darunter sauer. Sie sehen also, dass ein Wert von 3 schon sehr sauer sein muss. Essig oder Zitronensaft liegen nur knapp darunter. Unsere „allesverarbeitende" Magensäure liegt übrigens mit einem ph-Wert von knapp über 1 am extremen Ende der Säuren.

Zugabe von Milchsäure in die frische Birnenmaische

Mithilfe von ph-Messstreifen oder ph-Messpapier lässt sich der ph-Wert einer Maische kostengünstig, schnell und sicher bestimmen. Alternativ können Sie auch ein elektrisches Refraktometer kaufen, um den ph-Wert zu ermitteln. Durch das Einrühren von Säure können Sie den ph-Wert bis auf einen Wert von unter 3 absenken. Sie sollten aber wissen, dass es verschiedene Säuren mit verschiedenen Eigenschaften gibt. In der Industrie wird meistens mit Schwefelsäure gearbeitet, die ich Ihnen nicht empfehlen würde. Verwenden Sie lieber eine natürlichere und appetitlichere Säure aus dem Lebensmittelbereich.

Welche Säure eignet sich am besten?

Zuerst denkt man vermutlich an Zitronensaft oder Zitronensäure, was sich auch tatsächlich anbietet. Leider hat Zitronensaft den Nachteil, dass der ph-Wert des Saftes selbst „nur" bei etwa 2,4 liegt. Man bräuchte relativ große Mengen, um eine Maische beispielsweise von ph 4 auf ph 3 absenken zu können. Beinahe wäre es danach schon eine Zitronenmaische. Besser funktioniert das mit Zitronensäure, die selbst einen ph-Wert von etwa 1,6 hat. Trotzdem bleibt bei Zitronensäure der Nachteil, dass diese mit der Fruchtmaische zusammen vergärt und in Aromen umgewandelt wird. Der Säuregehalt nimmt deswegen im Laufe der Vergärung ab. Für ein optimales Ergebnis müsste der ph-Wert der Maische regelmäßig geprüft und nachgesäuert werden. Ich würde Ihnen Zitronensäure gerne wegen der Nähe zum Obst empfehlen, wenn Sie sich die Mühe des Nachmessens machen möchten. Es gibt aber auch noch bequemere Lösungen. Verwenden Sie Milchsäure[21] oder Mostmilchsäure oder eines der im Handel erhältlichen Spezialpräparate[22]. Diese Säuren werden nicht mitvergoren und bleiben deswegen über den gesamten Gärverlauf in der Maische erhalten. Sie können deshalb den ph-Wert einmal richtig einstellen und davon ausgehen, dass dieser dauerhaft erhalten bleibt. Durch einen niedrigen ph-Wert verlängern Sie übrigens auch die Haltbarkeit Ihrer Maische nach der Vergärung. Falls Sie aufgrund diverser Unreinheiten im Obst eine eher schlechtere Qualität befürchten, können Sie den ph-Wert etwas niedriger ansetzen, um das Risiko von Fehlaromen zu verringern. Wenn Sie nach der Vergärung Ihre Maische noch nicht gleich destillieren möchten, empfiehlt es sich ebenso, nachträglich noch den ph-Wert weiter abzusenken.

---

21 Die zwar Milch säuert, aber nicht aus Milch hergestellt wird.

22 Z. B. Biogen von der Firma Oestreich

Hefen lieben Zucker!

Natürlich, darum geht es ja beim Einmaischen. Hefen lieben Zucker und sollen diesen für uns in Alkohol verwandeln. Je zuckerhaltiger Ihre Maische, umso höher wird der Alkoholertrag ausfallen. Verwenden Sie nur voll ausgereiftes Obst, dann haben Sie wesentlich mehr Zucker in der Maische und schaffen beste Grundvoraussetzungen für einen hohen Alkoholgehalt und allerbeste Fruchtaromen. Als Privatanwender dürfen Sie zusätzlich Zucker zugeben, um Ihre Hefen weiter zu verwöhnen und zu einer höheren Ausbeute zu kommen. Sie sollten hierzu den Zucker unbedingt in kochend heißem Wasser oder Saft auflösen und vor dem Einrühren in Ihre Maische wieder abkühlen lassen. Aber richtig! Beachten Sie hierzu die Hinweise zur optimalen Temperatur Ihrer Hefen. Ihre Hefen sterben bei zu hohen Temperaturen!

In der gewerblichen Abfindungsbrennerei ist das Aufzuckern verboten, weil das Ergebnis hochprozentiger ausfallen und die Berechnungsgrundlage für die Steuern verfälschen würde. Privat dürfen Sie hier machen, was Sie wollen, und können so manchen „schwachen" Ansatz deutlich verstärken und aufbessern.

Zucker: Schlecht für die Zähne – aber gut für die Hefe!

Gute Ernährung

Auch Hefen gedeihen, wie alle Lebewesen, bei guter Ernährung besser. Die Hefen wollen sozusagen „gefüttert" werden. Bei den Turbohefen sind die richtigen Vitamine und Mineralien gleich im Beutel dabei! Wenn Sie frisches Obst einmaischen und mit einer Reinzuchthefe (egal ob trocken oder lebend) vergären, können Sie eventuell etwas Vitamin B6[23] für einen schnelleren Gärstart und Hefenährsalz[24] für einen optimierten Gärverlauf zugeben. Mit diesen Zusätzen helfen Sie Ihren Hefen von Anfang an zu erstarken und eine niedrige Alkoholausbeute wegen „Mangelerscheinungen" Ihrer Hefen ist von Anfang an ausgeschlossen.

Problem Sauerstoff!

Hefen lieben leider nicht nur Zucker, sondern auch Sauerstoff und das ist ein Problem, das wir beim Einmaischen nicht vergessen dürfen. Falls Sauerstoff vorhanden ist, stürzen sich die Hefen darauf, „veratmen" diesen und vernachlässigen die Wandlung des Zuckers in Alkohol! Wir müssen daher versuchen, die Maische während des Gärverlaufes möglichst sauerstoffarm zu halten, damit

Ein Gärspund bietet die nötige Sicherheit zum Schutz Ihrer Maische und wird deshalb auch Getränkeschützer genannt.

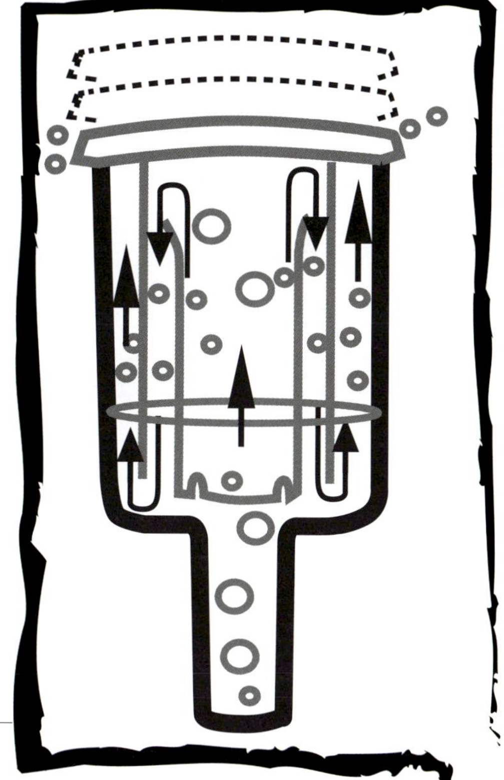

23 Bis zu 60 mg pro 100 Liter dürfen laut Gesetz zugegeben werden.
24 Stickstoff und Phosphorverbindungen

die Hefen sich mit voller Leistung der Alkoholproduktion hingeben können. Was können wir tun? Am besten verschließen wir unsere Maischebehälter möglichst dicht und setzen einen Gärspund auf. Ein Gärspund lässt Überdruck und Gase aus dem Maischefass entweichen, Sauerstoff oder Mikroorgansimen aus der Luft können aber nicht in den Behälter hinein.

Sauerstoff vermeiden!

Früher habe ich empfohlen, den gesamten Gärbehälter mit Maische, Hefen, Nährsalzen oder Vitaminen beim Einmaischen zu verschütteln, heute weiß ich, dass dies ein Fehler war. Beim Verschütteln dringt zu viel Sauerstoff in die Maische ein. Aus diesem Grund sind mir einige gute Maischen fehlvergoren und ich musste erst aus dem Schaden klug werden. Es empfiehlt sich trotzdem, mehrmals, vor allem zu Beginn der Vergärung, mit einem großen Maischelöffel vorsichtig umzurühren. Dazu öffnen Sie behutsam Ihr Maischefass und rühren langsam um, möglichst ohne Sauerstoff in die Maische zu rühren. Zum Gärstart kann der Sauerstoff, der bereits durch das Zerkleinern der Früchte in die Maische gelangte, noch ein Vorteil sein. Die Hefen können sich schneller vermehren. Danach sollten Sie die Sauerstoffzufuhr aber nach Möglichkeit vermeiden.

Vorsichtig umrühren – nicht schütteln oder schlagen!

Falls sich auf Ihrer Maische ein sogenannter Tresterhut aus oben aufschwimmenden Fruchtstückchen und Schaum bildet, sollten Sie diesen auch vorsichtig mit einem Maischelöffel oder Braupaddel unterrühren. Aber wie gesagt, versuchen Sie es zu vermeiden, Sauerstoff unterzurühren.

Zurück zum Alkohol

Alkohol ist in freier Natur reichlich vorhanden und wir sind täglich damit konfrontiert.[25] Trotzdem können wir den Alkoholgehalt und die Aromen in einem Saft oder einer Maische steigern, wenn wir drei einfache Grundvoraussetzungen schaffen:

Die „3 goldenen Regeln" beim Einmaischen:

1. An erster Stelle steht die **Qualität der Früchte**. Verwenden Sie nach Möglichkeit frisch geerntetes und voll ausgereiftes Obst. Verwenden Sie nur, was Sie auch essen würden und entfernen Sie alle unappetitlichen oder gar faulen Stellen.

2. **Hygienisches Arbeiten** ist die zweite Grundvoraussetzung für einen fehlerfreien Gärverlauf. Nur bei einem einwandfreien Gärverlauf durch die Alkoholhefen kann ein edles Aroma entstehen. Sauberes Arbeiten verhindert Fehlaromen durch Essigsäurebakterien, wilde Hefen oder Bakterien. Sorgen Sie dafür, dass alle Behälter, Messinstrumente und der Maischelöffel immer sauber gehalten und im Idealfall vor jeder Benutzung sterilisiert[26] werden. Dann kann nichts schieflaufen.

25 Traubensaft, Bananen und Kefir enthalten beispielsweise bis zu 1 Vol.-% Alkohol.

26 Schwefel aufgelöst in heißem Wasser ist im Hobbybereich die ideale Lösung, zuverlässig alle Behälter und Geräte bei der Alkoholherstellung zu sterilisieren.

3. Und zum Dritten beachten Sie die **Temperatur** beim Einmaischen und während des Gärverlaufes. Je nach Hefesorte können die optimalen Temperaturen unterschiedlich ausfallen. Geben Sie Ihre Hefen nicht zu früh in die heiße Maische (vor allem bei stärkehaltigen Maischen oder bei aufgekochtem Zuckerwasser ist es wichtig, diese wirklich wieder gut abkühlen zu lassen)!

Nur die Qualität, die Sie hineingeben, kann auch wieder herauskommen!

Beachten Sie diese drei Punkte beim Einmaischen, können Sie später einen hervorragend aromatischen Edelbrand destillieren. Denken Sie daran, nur was Sie an Qualität hineingeben, kann später auch wieder rauskommen. Maischen Sie die bestmögliche Qualität an Obst ein und Sie erhalten das feinste Aroma. Arbeiten Sie dagegen lieber auf maximalen Ertrag, dann dürfen Sie auch weniger schöne Stückchen dazugeben. Sie sollten aber wissen, dass sich jedes faule Stückchen Obst rächen wird. Nicht nur im Geschmack, sondern auch an der Menge des giftigen Vorlaufes während der späteren Destillation.

Praktisches Einmaischen

Zuerst empfehle ich Ihnen, direkt nach der Ernte Ihr Obst zu waschen, beispielsweise indem Sie es in einem „porösen" Wäschekorb mit einem Wasserschlauch abspülen. Festes Kernobst, wie Äpfel oder Quitten, dürfen gerne nach der Ernte noch etwas liegen bleiben, um ihr volles Aroma zu entfalten. Je nach Obstsorte sollte danach alles grob zerkleinert werden. Bei empfindlicherem Obst müssen Sie im Einzelfall abwägen und entsprechende Kompromisse eingehen. Vor allem Beeren sind empfindlich und Sie sollten je nach Menge, Festigkeit und Ihrem Gefühl entscheiden, ob Sie vielleicht lieber auf das Abwaschen verzichten möchten.

Kernobst

Festes Kernobst, wie Äpfel, Quitten oder Birnen, müssen Sie unbedingt vor dem Einmaischen zerkleinern. Auch bei nur einem Baum empfiehlt sich die Verwendung einer Obstmühle, um die Ernte zügig und gleichmäßig zu verarbeiten. Mit einer Obstmühle können Sie aber auch deutlich größere Mengen in gleichbleibender Qualität verarbeiten und relativ schnell einmaischen. Alternativ können Sie das Obst auch per Hand mit einem Messer grob zerkleinern, etwas Wasser zugeben und mit einem Pürierstab pürieren.

Kernobst ist dank der unkomplizierten Verarbeitung ideal für Einsteiger.

Kernobst können Sie komplett einmaischen, was das Verarbeiten unkompliziert und für Anfänger optimal geeignet macht. Überhaupt eignet sich Kernobst sehr gut zum Einmaischen und Schnapsbrennen, vielleicht auch weil der ph-Wert schon im „grünen" Bereich von 3,5 liegt und Apfelwein deswegen fast immer auch ohne allzu große Komplikationen gelingt. Birnen geben besonders viele Aromen ab, aber auch

Äpfel oder Quitten eignen sich hervorragend für schnelle und leckere Erfolge. Bei Williamsbirnen empfiehlt es sich, vorher die Stiele zu entfernen, da diese das feine Aroma überlagern könnten. Die ideale Temperatur zum Einmaischen von Kernobst liegt bei unter 20 °C.

Steinobst

Steinobst, die Gefahr aus dem Stein

Bei Steinobst, wie Kirschen, Zwetschgen, Pflaumen, Aprikosen (Marillen) oder Pfirsichen, müssen Sie etwas vorsichtiger arbeiten, damit die Kerne nicht beschädigt werden. Steinobstkerne enthalten Amygdalin, welches in Verbindung mit Wasser Blausäure abspaltet. Blausäure ist ein tödlich wirkendes Gift, welches Sie sicher nicht in Ihrer Maische haben wollen.

Aber keine Angst. Das klingt wieder schlimmer, als es ist. Blausäure spaltet sich nur im Inneren eines Kerns und in Verbindung mit Wasser ab. Passen Sie einfach auf, dass Sie keine Kerne beschädigen, dann sind Sie auf der sicheren Seite. Bis zu 5 % der Kerne dürfen außerdem versehentliche Beschädigungen durch die Verarbeitung aufweisen, bevor Sie sich Sorgen machen müssen. Wenn Sie maschinell arbeiten, verwenden Sie eine Mühle mit Gummiwalzen und die Kerne bleiben überwiegend ganz. In den meisten Fällen ist Steinobst ohnehin weicher als Kernobst und muss nicht unbedingt vorher vermahlen werden. Ein Andrücken der Früchte genügt.

Frische Maische aus handverlesenen Aprikosen wird hier „liebevoll" zerdrückt und nach Kernen durchsucht.

Wenn Sie sich völlig sicher sein wollen, dann entfernen Sie die Kerne vor dem Einmaischen. Bei Aprikosen, Pflaumen oder Pfirsichen sollte das in Verbindung mit ein wenig liebevoller Hingabe im Kreis der Familie kein Problem sein. Im Hobbybereich ist das Entfernen der Kerne aus einer selbst angesetzten Maische eine fast schon spirituelle Arbeit und stärkt sicher die gefühlsmäßige Bindung zu Ihrem Edelbrand.

Trotzdem sollten Sie wissen, dass gerade die Kerne bei manchen Getränken auch zum Bukett beitragen. Vor allem beim Kirschbrand, teilweise auch bei der Zwetschge sollten Sie einige Kerne in der Maische lassen, um den typischen leicht bitteren, mandelartigen Wohlgeschmack zu erhalten, der Steinobstbrände im Aroma bereichert. Steinobstmaischen vertragen leicht erhöhte Temperaturen bis zu 25 °C ohne ernste Qualitätseinbußen.

Beeren

Beeren? Edle Leckereien für Fortgeschrittene

Besonders ergiebig und einfach zu verarbeiten sind natürlich Weintrauben.[27] Andere Beeren, wie Johannisbeeren, Vogelbeeren oder Holunderbeeren, sollten vor dem Maischen abgerebelt werden, was einiges an Arbeit verursachen kann. Bei den meisten Beerensorten ist die Ausbeute leider zu gering zum Einmaischen. Auch weil Beeren oftmals weniger Zucker enthalten oder Enzyme den Gärprozess verlangsamen können, muss man mit weiteren Nachteilen beim Einmaischen rechnen. Zusätzlich geben einige Sorten (z. B. Erdbeeren) ihr Aroma nur ungern an den Alkohol ab. Es empfiehlt sich daher meistens, Beeren lieber in hochprozentigen Alkohol einzulegen, um sie später zu entgeisten.[28] Auch hier müssen Sie selbst entscheiden, wie viele Beeren in welcher Qualität Sie zur Verfügung haben und ob Sie daraus eine Maische herstellen möchten oder lieber nur einen Geist. Beeren sollten beim Einmaischen ebenfalls zerdrückt oder gemahlen werden und nach Möglichkeit langsam und bei unter 20 °C vergoren werden. Ich würde Ihnen das Einmaischen von Beeren erst empfehlen, wenn Sie bereits vorher einige Erfahrung mit Stein- oder Kernobst sammeln konnten. Oder wenn Sie einfach große Mengen an Beeren übrig haben und Sie der mögliche Verlust nicht schmerzen würde.

Stärkehaltiges

Getreide und Kartoffeln? Ein paar Schritte zusätzlich ...

Bei stärkehaltigen Grundlagen, wie Getreide oder Kartoffeln, müssen wir einen zusätzlichen Arbeitsschritt einplanen. Es genügt nicht, einfach nur die Kartoffeln oder das Getreide zu zerkleinern! Wir müssen, bevor wir einer stärkehaltigen Maische die Hefe zugeben, einen weiteren großen Schritt dazwischen setzen und die Stärke in Zucker umwandeln. Das geschieht durch die Zugabe von Malz oder

27 Das erklärt, warum wir schon seit 6.000 Jahren Wein herstellen und diesen seit über 500 Jahren als Weinbrand destillieren.

28 Wie man einen Geist destilliert, zeige ich später im Buch.

Maischebottiche mit überschäumender Getreidemaische in der Ausstellung der Nordhäuser Kornbrennerei

Enzymen und dem Halten bestimmter Temperaturen (62 und 72 °C) über einen längeren Zeitraum, damit die Enzyme einwirken können. Im Hobbybereich eignen sich hierzu sehr gut Einkochautomaten, mit denen man bis zu 20 Liter Getreidemaische bequem in einem Arbeitsschritt vorbereiten kann. Auch Bierbrauautomaten sind sehr gut geeignet. Das Bierbrauen ist der Zubereitung einer Brennmaische für Whisky, Wodka oder Korn schließlich sehr ähnlich. Wenn Sie Bier brauen können, dann können Sie auch schnell einen guten Whisky destillieren.

Wichtig ist es, nach der Wandlung der Stärke in Zucker abzuwarten, bis die Maische komplett abgekühlt ist. So wie frisches Obst im Herbst zu kalt sein kann, könnte eine Getreidemaische zu heiß sein und Ihre Hefe könnte in der Folge absterben.

Das kommt Ihnen kompliziert vor? Nein, wenn man bedenkt, dass irische Mönche das angeblich schon vor fast 1.000 Jahren entdeckt haben sollen, dann sollten wir die Umwandlung von Stärke in Zucker auch heute mit modernen Mitteln bewältigen können. Wenn Sie Kartoffeln verwenden, müssen Sie diese vorher dämpfen oder klein raspeln und in Wasser aufkochen. Getreide und Mais schroten Sie am besten vorher in feine Stückchen[29]. Danach sind die Schritte relativ einfach, erfordern aber sorgfältiges Arbeiten und etwas Geduld.

Ohne Malz und die enthaltenen Enzyme geht es nicht!

Sie gießen eine ausreichende Menge Wasser (etwa ein Liter pro Kilogramm Schrot und Malz) dazu und heizen die ganze Mischung auf 62 °C auf. Dann geben Sie etwa 20 bis 25 % Malz[30] oder ein fertiges Enzym[31] dazu. Die eigentliche Kunst ist es, jetzt die gesamte Masse unter Rühren mindestens eine halbe Stunde lang bei 62 °C zu halten und dabei nichts anbrennen zu lassen. Diese Pause nennt man Maltoserast.

Danach heizen Sie etwas stärker ein und halten die Temperatur eine weitere halbe Stunde möglichst genau bei 72 °C. Das ist dann die Verzuckerungsrast, bei der sich alle Stärkereste in Zucker wandeln sollten. Die Maische wird flüssig und süß. Um festzustellen, ob die Maische fertig ist, machen Sie einen Jodtest, indem Sie etwas der Maische auf einen flachen Teller geben und Jod dazutropfen. Wenn sich

29 Oder Sie verwenden nur Malz, etwa für einen Malzwhisky.

30 Malz können Sie auch selbst herstellen. Sie benötigen Getreide, am besten eignet sich Gerste, die Sie keimen lassen. Das aufgekeimte Getreide wird getrocknet (eventuell über Rauch!) und dann geschrotet. Das ist alles.

31 Suchen Sie einfach nach Amylase, Complete Enzym oder VF-Enzymen beim Händler Ihres Vertrauens.

das Jod lila verfärbt, ist noch Stärke in Ihrer Maische enthalten und Sie sollten weiterrühren, bis der Jodtest farbneutral bleibt. Danach kühlen Sie die Maische ab und filtrieren die Mischung bei Bedarf, bevor Sie Hefe zugeben und das Ganze bei gleichbleibenden Temperaturen (am besten im Keller) vergären.

Der Jod-Stärke-Test

Zuckermaische

Vielleicht etwas radikal, aber zur Herstellung eines neutralen und hochprozentigen Alkohols eignet sich Zuckerwasser sehr gut. Vor allem in Verbindung mit Turbohefe können Sie sehr schnell und effizient einen reinen Alkohol als Grundlage für allerlei Experimente oder zur Weiterverarbeitung in Likören und Geisten herstellen.

Alkohol aus Zuckerwasser? Warum nicht …

Verrühren Sie zunächst den Zucker (oder die Melasse) in kochend heißem Wasser, bis er sich wirklich restlos aufgelöst hat, und lassen Sie die Mischung danach wieder gut abkühlen. Mit der richtigen Hefe können Sie innerhalb von wenigen Tagen bis zu 20 Vol.-% Alkohol erreichen, was eine ideale Grundlage zum Destillieren von neutralem Primasprit darstellt. Wie auch vorher bei der Stärkewandlung ist es extrem wichtig, die Mischung komplett abgekühlt zu haben, bevor die Hefe dazukommt. Ich kann es nur noch einmal betonen: Die meisten Hefen vertragen höhere Temperaturen nicht. Selbst die besten Turbohefen sterben bei Temperaturen über 30 °C irgendwann sicher ab. Wenn Sie effizient vergären möchten, dann beachten Sie die Packungshinweise Ihrer Hefe und überschreiten Sie die maximalen Temperaturen nicht.[32]

Wichtig: Zucker in kochendem Wasser vollständig auflösen und wieder abkühlen lassen!

Ansonsten bleiben die Vorgänge beim Ansetzen und Vergären einer Maische relativ ähnlich, egal welche Früchte Sie als Grundlage verwenden. Je feiner Sie die Maische zerkleinern und vorbereiten, umso leichter haben es später die Hefen, alle Inhaltsstoffe zu erreichen, den Zucker in Alkohol zu wandeln und dabei Aromen zu erzeugen. Bei Beeren und manchen wässerigen Früchten würde ich die Verwendung eines Pürierstabes empfehlen, damit ein gleichmäßiger und sicherer Gärverlauf gewährleistet ist. Einige Früchte allerdings entwickeln ein etwas volleres Bukett durch langsameres Einwirken der Hefen. In der Regel genügt es, wenn die Früchte grob vermahlen oder angedrückt unter hygienischen Grundvoraussetzungen in einen sauberen (vorher sterilisierten[33]) Gärbehälter eingefüllt werden. Sicherheitshalber sollten Sie immer die Temperatur messen.[34]

Egal, was Sie vergären: Die Grundlagen sind immer die gleichen …

32 Auch bei der Lagerung sollte Ihre Hefe eher kühl als warm aufbewahrt werden. Das Haltbarkeitsdatum einer Trockenhefe kann sich im Kühlschrank um Jahre verlängern.

33 Ausgekocht oder mit Schwefel oder speziellen Behälterreinigungsmitteln entkeimt

34 Beim ersten Ansetzen ist es besonders wichtig, die Temperatur zu messen. Für später eignet sich ein „Schwimmthermometer" sehr gut, welches im Maischefass verbleiben und später auch noch das Kühlwasser beim Destillieren messen kann.

Vor allem Anfänger erzielen mit Turbohefe auch bei Obstmaische gute Ergebnisse.

Die meisten „normalen" Hefen arbeiten am besten zwischen 14 und 20 °C. Bei niedrigeren Temperaturen sollten Sie eine spezielle Kaltgärhefe verwenden und bei höheren Temperaturen mit Turbohefe arbeiten. Turbohefen eignen sich auch zum Einmaischen von Obst und können dann wesentlich sparsamer dosiert werden, als es bei Zuckerwasser der Fall wäre.

Allgemein kann gesagt werden, dass eine **langsame Vergärung bei der Herstellung von aromatischen Obstmaischen** zu bevorzugen ist. Bei höheren Temperaturen verläuft die Gärung zwar schneller, aber für das Bukett am Ende des Gärverlaufs ist es meistens besser, wenn man der Aromaentwicklung mehr Zeit lässt. Wärmere Temperaturen sind außerdem ein Tummelplatz für allerlei Mikroorganismen und Bakterien und man sollte vermeiden, dafür ein „Wohlfühlklima" zu schaffen. Sicher möchten Sie nicht, dass Ihre Arbeit umsonst war und die Maische am Ende doch noch kippt.

Wenn Sie keinen Keller mit gleichmäßig kühlen Temperaturen zur Verfügung haben, dann sollten Sie anstelle der Reinzuchthefen sicherheitshalber mit Turbohefe arbeiten. Bakterien haben keine Chance, gegen das in den Packungen enthaltene „Kraftfutter", das die robusten Hefestämme schnell anwachsen lässt. Hier verzichten Sie dann vielleicht auf einige Aromanuancen, können sich aber sicher sein, dass der Gärverlauf optimal abläuft. Auch als Anfänger können Sie mit Turbohefe schnell und unkompliziert zu guten Ergebnissen kommen.

Die Maische gleichmäßig kühl halten oder doch lieber Trockenhefe verwenden!

Das war nun ein grober Überblick über die eigentliche Alkoholherstellung, die wir im Wesentlichen kennen sollten, bevor wir ans Destillieren denken können. Mit ein wenig Übung lässt sich das Einmaischen schnell erlernen. Die eigentlichen Prinzipien sind immer dieselben, egal welche Hefen oder Ausgangsstoffe wir verwenden. Wenn Sie Ihre Hefen und Früchte kennen, dann können Sie schnell zu beachtlichen Ergebnissen kommen und kleine Aromawunder vollbringen. Dank ständiger Verfügbarkeit aller Früchte und Obstsorten sind wir für unsere „Übungen" nicht einmal mehr auf die jeweilige Saison angewiesen. Wir können im Supermarkt oder in der Markthalle nahezu jederzeit frisch einkaufen und einmaischen. Schlimmstenfalls probieren wir es mit völlig saisonunabhängigem Getreide, mit Früchten aus der Dose oder blankem Zuckerwasser.

Weinherstellung, Brandy und Calvados

Wein und Brandy? Eine kompliziert unkomplizierte Sache aus Trauben ...

Die Grundprinzipien in der Weinherstellung dürften den meisten Lesern bekannt sein. Trauben werden abgepresst, der Saft enthält Zucker und so kann die Gärung beginnen. Es gäbe ja theoretisch genügend wilde Hefekulturen in der Luft. Sicherheitshalber impfen wir aber mit einer Reinzuchthefe, um den Ertrag zu optimieren, die Ausbeute zu erhöhen und von Anfang an die richtigen Hefen versammelt zu wissen. Bei einem schnellen Start durch Impfen mit den optimalen Hefezellen verhindert man das versehentliche Eindringen oder Überhandnehmen von Essigbakterien oder anderen eher unerwünschten Verunreinigungen. In der gewerblichen Weinherstellung wird Traubensaft oftmals sterilisiert, bevor man Reinzuchthefen zugibt, im privaten Rahmen können wir uns das aber sparen.

Aber gehen wir noch einmal an den Anfang der Alkoholherstellung zurück. Wir pressen Weintrauben aus und geben den frischen Saft in einen sterilen Behälter. Dann geben wir die Hefen dazu, verschließen das Ganze mit einem Gärspund, damit kein Sauerstoff und keine unerwünschten Bakterien eindringen können, und lassen die Hefen ihre Arbeit verrichten. Das ist alles. Der Saft wird zu einem schäumenden Most (oder Federweißer) und kann, wenn die Gärung abklingt, in Lagerbehälter abgezogen werden.

Ein Gärspund schützt Ihre Maische zuverlässig vor Bakterien, wilden Hefen und zu viel Sauerstoff.

Beim Rotwein bleiben die Beeren während der Gärung im Behälter. Somit entspricht die Rotweinherstellung dem Einmaischen einer Brennmaische. Der Wein wird hier meistens erst nach der Vergärung abgepresst. Wir verwenden die meisten Früchte als Ganzes, zerkleinern sie ein wenig, entfernen eventuell blausäurehaltige Kerne und vergären. Fertig.

Trotzdem bleibt uns immer die Wahl. Wir können eine Frucht komplett einmaischen oder nur den Saft der Früchte vergären. Und danach bleibt uns erneut die Wahl. Wir können die komplette Maische destillieren oder nur die abgepresste Flüssigkeit. Genau wie beim Wein. Beim Weißwein wird nur der Saft der Trauben vergoren und der Trester vorher abgepresst. Wird dieser Wein destilliert, erhält man einen Weinbrand oder Brandy, lässt man den Bodensatz, die Hefe bei der Destillation des Weines dabei, wird das Aroma seifiger, etwa wie bei einem Cognac.

Hier wird der trockene, aber alkoholhaltige Rotweintrester in eine 30-Liter-Destille eingefüllt.

Umgekehrt wird beispielsweise auch der trockene Bestandteil nach dem Abpressen, der alkoholhaltige Trester aus der Rotweinherstellung, destilliert. Gibt man den trockenen Trester mit Wasser in eine Destille, kann man den enthaltenen Restalkohol herausdestillieren und erhält einen Tresterschnaps, der vor allem als Grappa[35] bei uns bekannt ist.

Calvados, ein edler Tropfen aus Apfelwein

Ein gutes Beispiel für eine „Flüssigmaische" ist der oftmals unterschätzte Calvados, der aus gereiftem Apfelwein (Cidre) destilliert wird. Das ist aber noch lange nicht alles. In der Whiskybrennerei wird die Maische immer gefiltert und nur die Flüssigkeit destilliert. Genau genommen wird zuerst ein Bier ohne Hopfen[36] hergestellt, das dann zu einem Whisky oder Korn destilliert wird. Erst die anschließende Lagerung im richtigen Fass macht den eigentlichen Unterschied. Und wenn Sie nicht lagern, sondern noch einmal destillieren und die restlichen Aromen mittels Aktivkohle herausfiltern, dann erhalten Sie einen klaren Wodka aus derselben Maische. Whisky, Wodka oder Korn? Im Grunde ist das alles beim Einmaischen erst einmal das Gleiche ...

35 Der Grappa stammt aus Italien. In Frankreich nennt man den Tresterschnaps „Marc" und in Spanien „Orujo", während man auf Kreta von „Raki" spricht. Angeblich ist ein „Grappa" der älteste Schnaps der Welt, auch wenn man in Irland eher meint, der Whisky wäre älter ...

36 Hopfen wird wegen der Haltbarkeit und als Bitterstoff ins Bier gegeben. Beides ist bei der Zubereitung von Brennmaische unnötig.

Soll die komplette Maische destilliert werden? Eine schwierige Frage. In der Regel sind die vielen Bestandteile einer Obstmaische wichtige Aromaträger und einige Nuancen bilden sich erst beim Destillieren. Ich würde Ihnen gerne empfehlen, Ihre Maische wegen der besseren Aromabildung komplett zu vergären und zu destillieren.

Vorher abpressen oder komplett destillieren? Eine schwierige Entscheidung ...

Als Anfänger würden Sie sich aber wesentlich leichter tun, wenn Sie zunächst nur Saft vergären und reine Flüssigkeiten destillieren. Nicht nur wegen der unkomplizierteren Handhabung beim Ansetzen, Lagern und Umfüllen hat diese Variante Vorteile, es ist auch einfacher, Flüssigkeiten zu destillieren, weil eine Maische mit allen Fruchtinhaltsstoffen stark zum Anbrennen und Überschäumen neigt. Vielleicht sollten Sie erst Erfahrungen beim Destillieren von Bier und Wein sammeln, bevor Sie sich an die schwierigere Aufgabe machen und eine eigene Maische abbrennen. Bei groben Maischen, die noch viele schwere Inhaltsstoffe beinhalten, sollten Sie an einen Anbrennschutz denken, ein Rührwerk einbauen oder eventuell im Wasserbad destillieren.[37] Es kann auch eine große Hilfe sein, die Maische durch die Zugabe von Antischaummitteln oder Enzymen zum Pektinabbau stärker zu verflüssigen und am Aufsteigen zu hindern. Im Fachhandel sind hierzu zahlreiche „Verflüssiger“ und „Schaumverhüter“ erhältlich. Früher hat man vor dem Destillieren und teilweise

Die Maische künstlich verflüssigen?

Wunderschöne Calvadosbrennerei in Frankreich bei Christian Drouin (dessen Calvados ich gerne weiterempfehle).

37 Es hat sich bewährt, ein Sieb aus Kupfer oder Weidengeflecht unterzulegen oder die Maische in einem grobmaschigen Sack einzuhängen.

auch schon beim Vergären einfach Wasser dazugegeben, um die Maische flüssig zu halten. Nach dem Brennen ist das schließlich kein Problem, denn das Wasser wird ja durch die Destillation wieder vom Alkohol getrennt. Wenn Sie das Gefühl haben, Ihre Maische ist zu dickflüssig und wird anbrennen, dann dürfen Sie gerne mit Wasser etwas verdünnen – oder eben doch vorher schon den Saft abpressen und nur die Flüssigkeit destillieren.

Nebenaromen aus Schalen oder Kernen gehören manchmal dazu ...

Letztendlich bleibt es Ihnen selbst überlassen, wo Sie hier die Grenze ziehen möchten. Man kann sehr wohl auch aus Saft oder reiner Flüssigkeit sehr gute Destillate herstellen, wie die vielen Whiskys, Brandys und der Calvados beweisen. In der Obstbrennerei gehören aber die Nebenstoffe aus der Maische oder einige Bitterstoffe aus den Kernen zur Aromabildung eines echten Edelbrandes dazu.

Wie verläuft die Gärung?

Wir gehen das am besten noch einmal von Anfang an durch, damit nichts schieflaufen kann. Wir haben also unsere Früchte geerntet, faules Obst aussortiert, das Ganze abgespült, das Obst konnte etwas ruhen, bis die Temperatur sicher unter 20 °C lag und dann haben wir das Obst zerkleinert und nötigenfalls die Kerne aussortiert. Anschließend wurde der ph-Wert kontrolliert und mit Milchsäure auf knapp über ph 3 abgesenkt und ein wenig Vitamin B6 sowie das Hefenährsalz dazugegeben. Vorher hatten wir schon die Hefe mit etwas Zucker und Obstsaft angerührt, überzeugen uns jetzt davon, dass die Hefe „lebt" und es in unserem Ansatz bereits gärt. Dann geben wir die schäumende Hefe in die Maische, rühren alles vorsichtig mit einem Maischelöffel oder einem Braupaddel um und verschließen den Deckel im Maischefass mit einem Gärspund. Den Gärspund befüllen wir mit Wasser[38], damit Luft und Gas aus dem Fass entweichen können, ohne jedoch Sauerstoff oder Bakterien hineinzulassen.

Ein optimaler Start beim Einmaischen ...

Soweit die ersten Schritte. Der Ansatz. Im Idealfall stellen wir das Fass in einen Keller mit gleichmäßiger Temperatur und kontrollieren täglich den Gärverlauf. Hierzu beobachten wir das Austreten der Gasblasen am Gärspund. Je nach Bauart blubbert es hier sichtbar durchs Wasser oder der Deckel hebt und senkt sich. Am Gärspund kann man normalerweise sehr gut die Gäraktivität ablesen und es ist empfehlenswert, die Unterschiede zwischen stark, schwach oder „gar nicht mehr" kennenzulernen. Vor allem in den ersten Tagen sollten Sie vorsichtig den Deckel des Gärfasses abnehmen und mit Ihrem Maischelöffel sanft umrühren, natürlich nach Möglichkeit ohne große Mengen Sauerstoff oder Bakterien mit einzurühren.

... und der weitere Gärverlauf

38 Wenn Sie es besonders gut meinen und sicher gehen wollen, dann füllen Sie Ihren Gärspund mit in Wasser aufgelöstem Schwefel.

Verwenden Sie einen sauberen, am besten frisch sterilisierten Maischelöffel und vermischen Sie behutsam den Inhalt aus dem Maischefass. Falls sich ein Tresterhut bildet, rühren Sie diesen auch vorsichtig zurück in die Maische.

Gleichmäßige Hefeaktivität?

Sie werden bald merken, wie die Hefeaktivität zu- und abnehmen kann. Am Anfang wird es relativ stark blubbern und nach einigen Tagen zu einem eher gemächlichen Gasaustritt werden. Durch das Rühren wird die Aktivität meistens neu angekurbelt. Je nach Hefe und verwendeten Grundlagen kann die Gärung schon nach wenigen Tagen abgeschlossen sein – oder sich auch über mehrere Wochen hinziehen. Im Schnitt können Sie mit zwei Wochen rechnen. Die Gärung ist beendet, wenn keine Gase mehr aus dem Gärspund austreten.[39]

Die Maische bleibt nach der Vergärung noch einige Tage haltbar, aber …

Je nach Alkoholgehalt ist Ihre Maische jetzt noch ein paar Tage haltbar. Je höher der Alkoholgehalt, umso länger bleibt Ihre Maische haltbar. Hier können wir die „desinfizierende" Wirkung des Alkohols etwas ausnutzen. Gleiches gilt für den ph-Wert. Falls Sie die Maische über einen längeren Zeitraum aufbewahren möchten, können Sie jetzt noch mehr Säure zugeben und auf bis zu 2,7 absenken. Oder Sie geben gleich Schwefel oder andere Konservierungsstoffe zu.

Alles in allem ist es aber eher ratsam, möglichst bald und frisch nach dem Gärungsende zu destillieren. Im Normalfall sollten Sie die Maische nicht länger als maximal 14 Tage stehen lassen.
Je nachdem, was Sie eingemaischt haben, sollte der Alkoholgehalt jetzt irgendwo zwischen 3 und 16 %[40] liegen. Das können Sie mit einem Vinometer abmessen.

Die Verwendung eines Vinometers

Beachten Sie, dass ein Vinometer ein sehr feines Röhrchen ist und den Alkoholgehalt anhand der Viskosität, also der Tropffähigkeit oder Fließgeschwindigkeit, misst. Es versteht sich von selbst, dass man keine „grobe" Maische bemessen kann. Bevor Sie den Alkoholgehalt mit einem Vinometer messen können, müssen Sie eine ausreichende Menge an Flüssigkeit über einen geeigneten Filter herausfiltrieren. Ein Vinometer kann auch nur korrekt anzeigen, wenn der Zucker aus der Maische restlos vergoren wurde.

Falls Sie das Gefühl haben, Ihre Maische sollte einen höheren Alkoholgehalt aufweisen, können Sie die Gärung mit einer speziellen „Restarter"-Hefe eventuell ein zweites Mal in Gang bringen. Außerdem können Sie aufgelösten Zucker zusetzen

39 Vorausgesetzt Sie verwenden einen dichten Maischebehälter. Ansonsten könnten die Gase eventuell auch an anderer Stelle austreten.

40 Mit manchen speziellen Turbohefen sind sogar bis zu 23 % möglich. Normalerweise stirbt eine Hefekultur ab 16 % langsam ab. Eventuell können Sie etwas tricksen, indem Sie die Temperatur zum Ende der Vergärung noch für ein paar Tage leicht erhöhen. Die Hefen können dann eventuell noch ein oder zwei Vol.-% mehr produzieren, bevor sie absterben.

Hier stehen die Maischebehälter im selben Raum wie die Destillen.

oder notfalls etwas Sauerstoff einrühren – was wir ansonsten lieber vermeiden –, um die Hefeaktivität zu erhöhen. Ein gesunder, sich schnell vermehrender Hefestamm ist hier das Ziel, falls einmal bei der Gärung etwas schiefläuft.

Umgekehrt können Sie eine Gärung auch mit einem „Gärstopp" sicher beenden. Das ist bei Brennmaische unnötig. Falls Sie aber Wein in Flaschen füllen möchten, sollten Sie sicher sein, dass er nicht versehentlich in der Flasche weitergärt. Im schlimmsten Fall könnte sich sonst starker Überdruck aufbauen, der die Flasche zum Springen bringen kann.

Geistherstellung

Ein eigenes Kapitel bei der Alkoholdestillation ist die Herstellung eines Geistes. Vor allem wenn Sie keine eigene Maische herstellen oder aus rechtlichen Gründen nur mit einer sehr kleinen Destille arbeiten, lohnt es sich, sich eingehender mit der Geistherstellung zu befassen.

Die Geister, die wir rufen ...

Die Grundprinzipien sind denkbar einfach. Wir verwenden einen beliebigen Alkohol ohne eigenes Aroma und verleihen ihm den Geist aromatischer Kräuter, Gewürze oder Früchte. Die bekanntesten Geiste sind vermutlich der Gin und der Himbeergeist, auch wenn der Gin sich vom Gesetz her nicht Wacholder- oder Kräutergeist nennen muss. Die vielen EU-Verordnungen regulieren in diesem Bereich besonders wild umher, was in der gewerblichen Brennerei schnell zu Fehlern in der Etikettierung führen kann. In Deutschland beispielsweise dürfen nur bestimmte Früchte, Nüsse und Kräuter vergeistet werden und zudem muss dafür auch ein ansonsten aromafreier Industriealkohol verwendet werden – ein sogenannter Primasprit aus Agraralkohol mit mindestens 96 Vol.-% Alkohol. Möchten Sie ein paar Beispiele aus den neuen EU-Verordnungen hören? Pfirsiche oder Quitten dürfen beispielsweise nicht mehr vergeistet werden. Wenn ein Brenner beispielsweise als Grundlage für einen Himbeergeist einen Himbeerbrand nehmen würde, dann wäre das nach strengem EU-Recht auch kein Geist mehr, sondern müsste als „Spirituose" abwertend gekennzeichnet werden. Achten Sie beim Einkauf Ihrer Getränke einmal darauf, was auf Ihrer Flasche steht.

Die Geistherstellung, eine besondere Art der Aromatisierung von Alkohol

Ein Brand (z. B. Birnenbrand) ist die höchste und „ehrlichste" Form der Alkoholherstellung und darf deswegen auch Edelbrand genannt werden. Der Alkohol und die Aromen stammen hier ausschließlich aus vorher aufwendig eingemaischten und später abdestillierten frischen Birnen. Die Kosten in der Herstellung sind etwa viermal so hoch wie bei der Geistherstellung, der zweiten Qualitätsstufe unserer „Schnäpse". Für einen Birnengeist werden die Birnen einige Tage lang in einem neutralen Alkohol eingelegt und dann destilliert. Hier wird der Alkohol aus Industriealkohol zugekauft, nur noch die Aromen stammen von den frischen Birnen. Als dritte Stufe kennen wir allerlei meistens deutlich günstigere Birnenspirituosen. Da stammen die Grundstoffe meistens komplett aus der Industrie. Der Hersteller kauft die Zutaten ein, mischt diese nach seinem Rezept (oder dem der Aromalieferanten) zusammen und füllt das Ganze als Spirituose in hübsche Flaschen. Aber eben nur manchmal. Alles, was nicht eindeutig als Brand oder Geist benannt werden kann oder einer anderen eindeutigen Kategorie alkoholischer Getränke angehört, fällt dann unter die Spirituosen. Ein weites Feld und zugleich großer Nachteil für ausländische Hersteller, die andere Verfahrensmethoden anwenden, als wir das in Deutschland normalerweise tun. In Frankreich beispielsweise werden Himbeeren

Was macht den Unterschied zwischen Geist, Brand und Spirit(uose)?

zuerst vergoren und dann wird zusätzlich ein wenig reiner Alkohol zugegeben, um zusätzliche Aromen herauszumazerieren. Es entsteht sozusagen „beinahe" ein Edelbrand, der sich aber weder Brand noch Geist nennen darf, obwohl er viel mehr ist als „nur" eine billige Spirituose und voller edler Aromen steckt.

Hobbybrenner aufgepasst: Uns kann die EU egal sein!

Uns Hobbydestillateuren können die EU-Gesetze letztendlich aber egal sein. Im privaten Bereich dürfen wir mischen und ansetzen, was wir wollen – und solange wir bei der Größe unserer Destille im legalen Rahmen bleiben, dürfen wir das dann auch abdestillieren.[41]

Unendliche Möglichkeiten für eigene Kreationen ...

Deswegen bleibt gerade in der Geistherstellung extrem viel Spielraum für eigene Kreationen und neue kulinarische Entdeckungen. Ich habe gerade erst einen köstlichen Karottengeist verkosten dürfen und mich mit einem fränkischen Tonkabohnengeist angefreundet. Versuchen Sie sich beispielsweise mit Spargel, Kastanien, Rosenblättern oder Knoblauch. Ihrer Fantasie sind hier keine Grenzen gesetzt. Die Destillation von leckeren Geisten ist der Bereich, in dem wir Hobbybrenner uns beweisen und andere leicht von unserem Können überzeugen können. Alleine schon aufgrund der starken gesetzlichen Einschränkungen bietet es sich an, eigene Geiste zu destillieren. Man füllt den Brennkessel ja bereits mit hochprozentigem[42] Alkohol und kann daher selbst beim Arbeiten mit einer der in Deutschland legalen[43] 0,5-Liter-Destillen schnell eine ganze Flasche vom eigenen Schnaps füllen.

Auch mit sehr kleinen Destillen bei der Geistherstellung kann man beachtliche Ergebnisse erreichen!

Wir erinnern uns, nur was man einfüllt, kann man auch wieder herausdestillieren. Und hier füllen wir in der Regel bereits relativ Hochprozentiges ein. Bei der Geistherstellung kann man deswegen auch mit einer sehr kleinen Destille beachtliche Erfolge erzielen und ernsthaft destillieren. So mancher Profi entwickelte zuerst mit einer Minidestille eigene Rezepte, bevor er sich ans gewerbliche Brennen und Vermarkten eben dieser neuen Spezialitäten wagte. Hier bleibt also noch viel Spielraum für eigene Experimente und Entdeckungen.

Abgesehen von den vielen legalen Möglichkeiten, jederzeit neue Aromen zu destillieren, bietet sich die Geistherstellung auch bei vielen zarteren Beerenarten an. Bei den meisten Beeren wäre der Ertrag durch das Einmaischen zu niedrig, das Risiko einer Fehlgärung zu hoch oder das feine Aroma[44] wäre nur schwer einzufangen. Ein echter Beerenbrand wäre aufwendig herzustellen, müsste deshalb relativ

41 Falls Sie mit einer größeren Destille geheim im Keller destillieren, dann spielt es auch keine Rolle, welche Frucht Sie mit welchem Alkohol einmaischen ...

42 ... und eventuell gekauftem und somit bereits versteuertem ...

43 ... aber eigentlich viel zu kleinen ...

44 Die Aromen aus Erdbeeren beispielsweise sind sehr empfindlich. Um ein gutes und wiedererkennbares Erdbeeraroma zu erhalten, müssen wir 12 einzelne Erdbeeraromen in den Alkohol überführen. Das ist nur beim Vergeisten möglich.

hochpreisig verkauft werden und wäre infolgedessen für die gewerbliche Produktion meistens unrentabel. Es ist eben auch einfacher, mehrere Flaschen von einem „günstigeren" Geist zu verkaufen als nur wenige von etwas wirklich Hochpreisigem.

Hunderte, wenn nicht sogar Tausende[45] einzigartige Aromen in unseren Schnäpsen lassen sich nur durch das Entgeisten erzielen. Neben den typischen und leicht erkennbaren, weil so benannten Geisten (z. B. Himbeergeist, Brombeergeist, Haselnussgeist etc.) stammen auch die Aromen unseres Anis (Ouzo, Raki, Pastis), Wacholders (Gin), Kümmels und allerlei weiterer Schnäpse aus der Mazeration mit späterer Destillation – also der Vergeistung.

Orangengeistexperimente mit einer typischen Hobbydestille in der Küche

Wir können theoretisch mehrere Methoden der Geistherstellung, auf die ich gleich noch etwas genauer eingehen möchte, unterscheiden. Die einfachste Variante ist der klassische Angesetzte, der genau genommen nicht wirklich ein Geist ist, uns aber im zweiten Schritt schnell zu einem zünftigen Geist führen wird. Wie der Name bereits verrät, werden bei einem Angesetzten Früchte, Kräuter oder andere Aromaträger in Alkohol „angesetzt", also eingelegt. Der Alkohol laugt die Aromen heraus und übernimmt zusätzlich Farbstoffe aus den Pflanzen. Nach dem Abfiltern erhalten wir einen aromatischen und zumeist durch das Pflanzenmaterial gefärbten Alkohol. Das ist schon ein großer Unterschied zu destilliertem Geist, denn der Angesetzte ist, wie gesagt, meistens farbig. Bei einem Angesetzten wird nicht destilliert, deswegen können Sie völlig legal und ohne Destillation einen gekauften Brandy, Wodka oder Korn mit beliebigen Früchten oder Gewürzen Ihrer Wahl ansetzen. Innerhalb weniger Tage bis Wochen[46] wird der Alkohol die Aromen, wie oben beschrieben, aufnehmen. Diesen Vorgang nennt man Mazeration, wir erhalten einen angesetzten Schnaps, ein Mazerat oder eine Tinktur, die man zwar so trinken könnte, aber genau genommen noch nicht wirklich als Geist bezeichnen kann.

Ansetzen und Mazerieren. Eine Möglichkeit der Aromatisierung ohne Destillieren

Geben wir aber dieses grobe Mazerat in den Brennkessel einer Destille und destillieren wir es, erhalten wir einen feinen Geist. Hierbei wird nur das Aroma der Früchte, Pflanzen und Gewürze mit dem Alkohol überdestilliert. Die groben Farbbestandteile aus dem Mazerat bleiben im Brennkessel – der feine Geist belebt den vorher geschmacklosen Alkohol.

Ein feiner Geist wird der Angesetzte – wenn wir ihn destillieren!

45 Nach einer aktuellen Studie können wir über eine Billion unterschiedlicher Gerüche und Aromen wahrnehmen! (Dr. Keller, März 2014)

46 Bei manchen Geisten auch Jahre (z. B. Walnuss)

Praktische Geistherstellung

Für einen leckeren Himbeergeist beispielsweise vermischen Sie bis zu zwei Kilogramm Himbeeren mit einem Liter reinen Alkohol (Primasprit) und lassen das Ganze einige Tage ziehen. Gleiches gilt für Erdbeeren, Brombeeren oder Schlehen. Wichtig ist, dass Sie auch nicht zu viele Beeren verwenden. Beachten Sie, dass ich geschrieben habe „bis zu zwei Kilogramm", Sie dürfen je nach der „Wässrigkeit" oder Aromaintensität Ihrer Früchte auch weniger nehmen. Bei kräftigen Aromaträgern, wie Anis, Fenchel oder Kümmel, genügen deutlich kleinere Mengen. Der Ansatz sollte nicht durch zu saftige Früchte verwässern und im Gesamten keinesfalls auf unter 20 Vol.-% absinken. Zerdrücken Sie die Früchte, um sie für den Alkohol und die Abgabe der Aromen zu öffnen. Wenn Sie einen wirklich guten Geist herstellen möchten, dann verwenden Sie, wie schon beim Einmaischen, nur erntefrische, saubere und makellose Zutaten. Nur was Sie an Qualität hineingeben, kann auch wieder herauskommen. Entfernen Sie alle Stiele, Blätter und Unreinheiten und Sie können sicher sein, Ihr Möglichstes getan zu haben.

Für die Destillation in einer legalen Minidestille genügt schon der Ansatz kleinster Mengen in einem Einmachglas.

Lassen Sie den Ansatz mindestens zwei bis maximal zehn Tage stehen und prüfen Sie die Konsistenz. Falls Sie das Gefühl haben, Ihr Ansatz ist zu dickflüssig und könnte leicht anbrennen, dann dürfen Sie auch hier mit Wasser verdünnen, bevor Sie das Ganze in die Destille geben.
Im Idealfall destillieren Sie vorsichtig in einer Kupferdestille ohne Verstärkereinrichtungen – direkt vom Kessel in den Kühler.

Sicheres Destillieren: kein Vorlauf bei der Geistherstellung

Sie können hier die ersten Tropfen bedenkenlos verkosten, denn Vorlaufgifte können sich hier nicht einfinden, da wir bereits gereinigten Alkohol verwendet haben. Trotzdem empfiehlt es sich, die ersten Tropfen zu sammeln und getrennt zu beurteilen. Unter Umständen löst der Alkohol frühere Restaromen aus der Destille, die das Aroma unseres feinen Geistes verfälschen könnten. Und dann? Destillieren Sie den Geist ab! Zum Mittellauf gibt es nicht wirklich viel zu sagen. Es läuft eine Weile lang lecker nach Himbeeren duftend frisch aus dem Kühler in Ihren Auffangbehälter. Am besten bemessen Sie die Alkoholprozente schon beim Destillieren mit einem Alkoholmeter. Sie müssen dann nur noch die Entscheidung treffen, ab wann Sie die Destillation beenden möchten, weil das Aroma fade wird und es sich nicht mehr lohnt, weiter zu destillieren. Insgesamt sollte Ihr gesammelter Geist mindestens 38 Vol.-% Alkohol enthalten, wenn er deutlich darüber liegt, dann können Sie ihn mit einem guten Wasser auf Trinkstärke herabsetzen.

Vorlage und Alkoholmeter

Eine große Hilfe beim Destillieren ist ein Alkoholmeter. Ich empfehle sogar, mindestens zwei davon bereit zu halten. Ein kleines in Kombination mit einer Vorlage, damit Sie während der Destillation den gesamten Verlauf und die Änderungen im Alkoholgehalt grob abschätzen können – und ein zweites möglichst exaktes zur späteren Feineinstellung Ihrer Destillate auf Trinkstärke. Eine Vorlage wird am Destillatausgang am Kühler der Destille angeschlossen und erlaubt es, den durchlaufenden Alkohol ein wenig aufzustauen, sodass genügend Platz bleibt, um ein Alkoholmeter frei darin schwimmen zu lassen. Beachten Sie, dass man für den Betrieb eine ausreichende Menge an Alkohol benötigt und es sich deswegen erst bei etwas größeren Destillen, vielleicht ab drei Litern, lohnt eine Vorlage anzuschließen. Bei kleineren Destillen empfehle ich, lieber einen Messzylinder oder ein paar kleinere Fläschchen zu verwenden.

Das Alkoholmeter muss frei im Alkohol schwimmen können, um korrekt anzuzeigen. Anhand der Eintauchtiefe können Sie dann den jeweiligen Alkoholgehalt am schwimmenden Alkoholmeter ablesen. Im Gegensatz zu einem Vinometer bemisst ein Alkoholmeter das spezifische Gewicht einer Alkohol-Wasser-Mischung. Beachten Sie bitte, dass sich das Gewicht beispielsweise durch die Zugabe von Zucker ändert und das Alkoholmeter nicht mehr korrekt anzeigen kann. Ebenso verändern sich die spezifischen Gewichte mit der Temperatur. Die meisten Alkoholmeter sind auf eine Temperatur von 20 °C eingestellt, bei abweichenden Temperaturen ist auch mit einer Abweichung des tatsächlichen Alkoholgehalts zu rechnen. Für die Feineinstellung auf Trinkstärke empfehle ich Ihnen daher ein feines Alkoholmeter, beispielsweise mit einem Messbereich von 30 bis 60 Vol.-% und einem eingebauten Thermometer. Alkoholmeter mit Thermometer haben eine zweite Skala, anhand derer man bei abweichenden Temperaturen schnell die tatsächlichen Werte ablesen kann.

Wissenswertes zum Bemessen der Alkohol-Prozente

Einen Geist genießen wir bevorzugt bei 38 bis 40 Vol.-%, der sogenannten Trinkstärke. Falls Ihr Geist oder Ihr Edelbrand zu hochprozentig ausfällt, dürfen Sie entsprechend mit destilliertem[47] Wasser verdünnen.

47 Alternativ können Sie auch durch einen Wasserfilter gefiltertes Wasser verwenden.

Eine frei stehende Vorlage steht hier unter dem Destillatausgang und erlaubt das Bemessen der Prozente schon während der Destillation.

Verdünnen mit Wasser?

Wie wir schon gelernt haben, wird ein Obstbrand, ein Brandy oder Whisky immer auf mindestens 60 Vol.-% destilliert. Ein Wodka darf wesentlich hochprozentiger ausfallen und kann bis zu 80 Vol.-% aufweisen. Getrunken wird aber immer herabgesetzt auf Trinkstärke.

Hierzu benötigen wir ein klares und möglichst mineralienfreies Wasser. Allgemein wird empfohlen, ein destilliertes Wasser zu verwenden, denn die Mineralien aus Leitungs- oder Quellwasser könnten ausflocken und unseren klaren, edlen Brand eintrüben. Sollte das tatsächlich passieren, dann können Sie Ihren Brand retten, indem Sie ihn gut, beispielsweise über Nacht im Kühlschrank, abkühlen und dann durch einen feinen Faltenfilter filtrieren.

Als weitere Variante einer Geistherstellung kann man die Aromaträger auch schon der Maische zusetzen. Eine übliche Vorgehensweise bei manchen französischen „Spirituosen" oder beim holländischen Genever, einem Wacholderschnaps, bei dem der Wacholder sowie allerlei „geheime" Kräuter schon beim Einmaischen dazugegeben werden und durch die Gärung ein eigenes Aroma entfalten. Beim Einmaischen bietet sich ein breites Spektrum an Möglichkeiten, wenn man Kräuter, Gewürze oder Hölzer in die Maische gibt, wodurch der spätere Geschmack stark beeinflusst wird. Probieren Sie es aus! Am besten beginnen Sie mit einfachen Versuchen, bei denen es nicht darauf ankommt. Das Einmaischen von Äpfeln beispielsweise gelingt fast immer und der Arbeitsaufwand ist relativ gering. Zweigen Sie einfach bei nächster Gelegenheit ein paar Liter ab und vergären Sie diese unabhängig vom Rest in einem kleineren Gärbehälter. Vielleicht mit der Zugabe von Nelken oder Zimt? Oder mit Koriander? Auch hier bleibt viel Raum für eigene Versuche. Sollten Sie sich nicht so recht an eigene Kräutermischungen herantrauen und Angst haben, die gute Maische zu „versauen", bietet Ihnen der Fachhandel auch fertige Kräutermischungen mit passenden Dosierungsanleitungen.

Eine Vorlage kann auch direkt am Kühler montiert werden.

Gleichmäßig rinnt hier der edle Brand aus dem Kühler. Gerne würde man direkt verkosten ...

Alles in allem bleibt aber die erste Variante des Ansetzens in klarem Alkohol und anschließenden Destillierens die einfachere und allgemein üblichere Methode. Auch wegen den eindeutigen und klar zuzuordnenden Aromen, die man später erhält und oftmals eindeutig herausschmecken kann. Und das ist ja letztendlich das Ziel der Geistherstellung, die Aromen einzufangen, zu konservieren und genießbar zu machen. Mit der letzten Variante, der Entgeistung durch Dampf, kommen wir endlich zu einer weiteren wichtigen Verfahrensweise, die beim Destillieren eine große Rolle spielt.

Die Dampfdestillation

Die Königsdisziplin: Destillieren mit Dampf

Auch hier ist das eigentliche Prinzip einfach. Wir geben einen beliebigen möglichst aromaneutralen Alkohol in den Brennkessel und heizen auf. Der Alkoholdampf steigt auf. Im Unterschied zu den vorherigen Destillationen leiten wir bei der Dampfdestillation den Alkoholdampf aber in einen speziellen Dampfraum unserer Destille. Meistens handelt es sich hierbei um ein Sieb oder einen Korb oberhalb des Brennkessels. Im Labor leitet man den Dampf von einem Kolben durch einen zweiten, der dann als Dampfraum dient. Im Hobbybereich sind heutzutage viele Destillieranlagen von vornherein zur Dampfdestillation geeignet und mit einem entsprechenden Aromasieb ausgestattet. Und wenn nicht, können Sie etwas improvisieren und sich vielleicht mit einem Dampfeinsatz aus der Küche behelfen.

Das Besondere bei der Dampfdestillation ist, dass wir diesen Dampfraum mit Aromaträgern füllen können. Vor allem stark aromatische Kräuter und Gewürze, wie etwa Anis, Kümmel, Wacholder oder Minze, eignen sich perfekt zur Dampfdestillation. Je mehr an Kräutern wir einfüllen, umso intensiver wird das Aroma am Ende werden. Hier gilt es, das richtige Maß, die richtige Rezeptur nach Ihrem Geschmack und passend zu Ihrer Destille zu finden.

Geistherstellung durch die Dampfdestillation

Der Dampf muss durch die Kräuter hindurchströmen, um durch das Geistrohr bis in den Kühler zu gelangen. Dabei löst er die Aromastoffe und ätherischen Öle aus dem Pflanzenmaterial und schleppt sie mit.[48] Der Alkoholdampf verbindet sich mit den feinen Aromen und wird zu einem eleganten Geist. Die ätherischen Öle sind in Alkohol komplett löslich, das Aroma geht in den Dampf über. Besonders bekannt ist hier der Gin, der oftmals mittels Dampfdestillation hergestellt wird. Ein Blick in das Regal einer Brennerei zeigt uns weitere Leckereien wie Ingwer, Lavendel oder Rose. Hier sind Ihrer Fantasie keine Grenzen gesetzt und es macht auch in sehr kleinen Destillen eine Menge Spaß, eigene Brände zu erfinden. So manches Rezept wurde zunächst in einer Miniaturdestille ausprobiert.[49]

Hier wird der Dampfraum einer Kolonnenbrennerei mit Rosenblättern befüllt.

Die Praxis dahinter ist sehr einfach. Es genügt, einen beliebigen Alkohol, etwa einen Wein oder noch besser einen klaren Wodka oder Korn, in den Brennkessel Ihrer Destille zu geben und anzuheizen. In den Dampfraum geben Sie nach Belieben Gewürze oder Kräuter nach Ihrem Geschmack. Neben den Klassikern ist hier vom Lavendel über die Tannennadeln bis zum Knoblauch alles erlaubt. Schon nach kurzer Zeit wird ein aromatischer Geist aus dem Kühler rinnen. Das Abtrennen von Vorlauf spielt bei der Geistherstellung keine Rolle. Sie destillieren wie vorher bei der „einfachen" Geistdestillation ja bereits „gereinigten" Alkohol und können unbesorgt und ohne auf den Vorlauf achten zu müssen drauflos destillieren. Verdünnen Sie Ihr Destillat auf 38 bis 40 Vol.-%, gönnen Sie dem Ganzen noch etwas Ruhe, damit sich die Aromen besser entfalten, und genießen Sie Ihre ersten eigenen durch Dampfdestillation hergestellten Geiste.

48 Aus diesem Grund wird diese Art der Destillation auch Schleppdestillation genannt.

49 Genau genommen beruht die gesetzliche Freigabe der 0,5-Liter-Anlagen in Deutschland nicht auf der Gnade der Behörden. Niemand dachte, dass Privatleute diese Lücke nutzen und im Hobbybereich kleine Mengen destillieren. Es ging darum, gewerblichen Brennern unkomplizierte Probedestillationen zu ermöglichen.

Nicht alle Destillen müssen so kompliziert aufgebaut werden wie dieses Exemplar aus dem Schnapsmuseum in Feldberg-Bärental.

Treibstoffe

Bioethanol

Im vorherigen Kapitel haben wir die Alkoholherstellung kennengelernt. Die gleichen Grundlagen können wir auch bei der Treibstoffdestillation anwenden. Dabei liegt das Ziel dann nicht mehr darin, einen Alkohol mit feinem Aroma herzustellen, sondern einen möglichst hochprozentigen Alkohol zu produzieren. Die gleiche Verfahrensweise, mit der wir einen extrem hochprozentigen neutralen Primasprit als Grundlage für eigene Geiste oder Liköre destillieren, können wir auch heranziehen, um Ethanol als Treibstoff für unser Auto zu destillieren.

Geht es noch hochprozentiger?

Wahrscheinlich würden sich viele Menschen mit mir freuen, wenn vorbeifahrende Autos nach Birne, Kirsche oder Zwetschge duften, ein solch aromatischer Alkohol wäre aber leider nicht hochprozentig genug. Um Alkohol wirklich tanken zu können, muss er extrem hochprozentig ausdestilliert werden – da bleibt kein Platz mehr fürs Aroma. Wir benötigen zum Tanken möglichst reinen und zugleich möglichst günstigen Alkohol.

Aromatisch duftende Abgase?

Alkohol lässt sich aus verschiedenen Ausgangsmaterialien herstellen, beispielsweise aus Gartenabfällen, Zuckerwasser sowie, weil es normalerweise die billigste Methode ist, aus Mais oder Getreide. Eben aus den gleichen Ausgangsstoffen, die auch in der Industrie zur Ethanolherstellung verwendet werden. Das Abtrennen von Vorlauf sparen wir uns, wenn wir den Sprit später tanken. Es geht einzig und alleine darum, die nötige Zündkraft und Mischbarkeit mit normalem Benzin zu erreichen, und Vorlauf zündet gut.

Ethanol, Methanol, unsere Motoren schlucken alles …

Wichtig, unsere Motoren brauchen möglichst „reinen" Alkohol!

Bevor wir uns Alkohol in den Tank schütten, sollten wir sicher sein, dass er deutlich über 90 Vol.-% aufweist, damit sich bei der Verbrennung kein Wasser im Brennraum bilden kann. In der Industrie wird Ethanol für Kraftstoffe mit einer 99%igen Reinheit hergestellt, im Hobbybereich haben wir leider keine Chance, kosteneffizient auf so hohe Prozentzahlen zu kommen. Es ist auch nicht möglich, genügend Alkohol zu produzieren, um ihn gleich wieder als Brennstoff zum Beheizen der Destille zu verwenden. Alkohol zum Tanken selbst herzustellen, ist aus heutiger Sicht ineffizient und viel zu aufwendig – aber trotzdem möglich.[1]

Wie wir im vorherigen Kapitel zur Alkoholdestillation gelernt haben, ist es schwierig und nicht sonderlich effizient, in einer einfachen Destille reinen Alkohol herzustellen. Wir müssen hier also etwas tricksen und tatsächlich mit hoher Verstärkung brennen, um einen ausreichend reinen Kraftstoff destillieren zu können.

In einer guten und zur Verstärkung mit Raschigringen befüllten Refluxdestille erreichen wir spätestens bei einer zweiten Destillation 95 bis 97 Vol.-% Alkohol. Das ist ausreichend, um einen auf Ethanolbetrieb umgebauten Benziner damit zu fahren. Ein paar „Kleinigkeiten" verhalten sich allerdings anders als beim Fahren mit normalem Benzin. Ethanol hat stolze 105 Oktan und kann dadurch mehr Leistung aus Ihrem Motor locken als Benzin. Allerdings nur, wenn Sie die Zündung entsprechend etwas früher einstellen. Unsere Benzinsorten liegen in der Regel zwischen nur 91 und 98 Oktan. Gleichzeitig erreicht der Alkohol niedrigere Zündtemperaturen, als es beim Benzin der Fall wäre. In der Folge sollte man die Einspritzung anpassen und etwas größere Mengen pro Zündvorgang einspritzen, was jedoch zu einem höheren Verbrauch und einer unsauberen Verbrennung führt.

Im Gegensatz zum Benzin kann Alkohol Gummis und Kunststoffe angreifen. Die meisten Benzinmotoren, die nach 1999 gebaut wurden, vertragen das Fahren mit Alkohol dennoch, vor allem in einer Beimischung zum Benzin von bis zu 30 %. Motoren, die bleifreies Benzin benötigen, werden ab Hersteller nämlich mit gehärteten Ventilen ausgeliefert und sollten deshalb mit Ethanol fahren können. Die Umrüstung eines Benzinmotors auf Bioethanol ist relativ kostengünstig und rechnet sich trotz des Mehrverbrauchs schnell, auch wenn man seinen E-85- oder E-100-Treibstoff nicht selbst destilliert, sondern an einer der wenigen Bio-Ethanol-Tankstellen kauft.

In unserem Benzin ist schon seit einigen Jahren Ethanol in kleineren Mengen enthalten. 5 % sind üblich, das überall erhältliche E-10-Benzin enthält immerhin schon 10 % Alkohol als Beimischung. Nimmt man den Ethanol-Vorreiter Brasilien

1 Die Idee, mit Alkohol zu fahren, ist übrigens nicht gerade neu. Schon der erste „Ottomotor" und Henry Fords berühmtes T-Model wurden für Bioethanol konstruiert.

als Beispiel, dann stellen wir fest, dass dort über 80 % der neu verkauften Autos mit reinem Ethanol (E-100) fahren, Flugzeuge mit Alkohol fliegen und auch dem normalen Benzin 25 % Alkohol beigemischt werden, ohne dass die Fahrzeuge darunter leiden.

Biodiesel

Beim Alkohol ist es eher so, dass neuere Motoren besser für Ethanol geeignet sind. Prinzipiell lässt sich aber jeder Benziner entsprechend umbauen. Beim Diesel ist es umgekehrt. Fast alle Dieselmotoren aus der „guten alten Zeit" können direkt und ohne Umbauten mit Sonnenblumenöl aus dem Supermarkt gefahren werden. Das einzige Problem dabei ist, dass Öl weniger flüssig ist und bei Kälte schnell versulzen kann. Das führt beim Starten und bei niedrigeren Temperaturen schnell zu Problemen. In einem warmen Land genügt es, morgens die Sonne auf die Kühlerhaube scheinen zu lassen. Der Diesel springt dann zuverlässig auch mit reinem Sonnenblumenöl an und verströmt einen appetitanregenden Duft nach „Frittenbude".[2] In einem kühleren Land wie Deutschland oder Österreich sollte man Sonnenblumenöl nur im Sommer und in kleineren Mengen beimischen oder den Wagen etwas umbauen. Dabei genügt es in der Regel, die Treibstoffleitungen und den Tank zu heizen, um das Öl bei niedrigeren Temperaturen flüssig zu halten. Im Idealfall rüsten Sie Ihr Auto mit einem zweiten heizbaren Tank aus und schalten kurz vor dem Abschalten des Motors zurück auf Diesel. Dadurch füllen Sie Ihr Einspritzsystem vor dem Abstellen des Motors wieder mit Diesel. Ihr Motor wird dann auch im Winter wieder leicht anspringen.

Einfacher: das Fahren mit Frittieröl ...

Wichtig ist noch zu wissen, dass Sonnenblumenöl fast wie ein Reinigungsmittel in alten Fahrzeugen wirkt und Ablagerungen im Dieseltank löst. Sicherheitshalber sollten Sie deshalb, falls Sie Sonnenblumen- oder Rapsöl direkt in Ihren Tank füllen, einen Dieselfilter parat halten und damit rechnen, ihn auch zu benötigen. Man kann seinen Wagen auch professionell auf Biodiesel umrüsten lassen. Biodiesel ist industriell hergestelltes Rapsöl, das mit chemischen Zusatzstoffen angereichert wird, damit der Biodiesel flüssig gehalten werden kann. Diese Beimischungen greifen bei älteren Dieseln auch die Leitungen an, deswegen muss hier umgerüstet werden.

Bitte verwechseln Sie diese beiden Varianten nicht. Biodiesel ist Rapsöl mit chemischen Zusätzen, der direkt getankt und gefahren werden kann, solange Ihr Motor dafür zugelassen ist. Und ein PÖL-(Pflanzenöl-)Umbau erfordert, dass Sie das Öl vorheizen. Danach fährt Ihr Diesel mit Sonnenblumenöl aus dem Supermarkt, mit Rapsöl frisch aus der Ölmühle oder mit (gefiltertem) altem Frittenöl.

... ist das dann Biodiesel?

2 Mein persönlicher Wunsch wäre ein umgebauter Diesel, der dank Sonnenblumenöl und der Beimischung ätherischer Öle beim Fahren Düfte verströmen kann. Die Auspuffgase könnten dann nach Rosmarin, Oregano und Thymian duften.

Bis zu 50 Meter hohe Destillationskolonnen einer Ölraffinerie

Benzin destillieren?

Bei den Pflanzenölvarianten und Dieselumbauten gibt es nichts zu destillieren und ich wollte sie nur der Vollständigkeit halber in diesem Buch aufführen. Aber wussten Sie, dass der Reinigungsprozess bei der Herstellung von Öl, Diesel oder Benzin auch eine Destillation ist? Benzin wird aus Erdöl destilliert, allerdings bei deutlich höheren Temperaturen und in gigantisch großen Destillationskolonnen. Wir erkennen bei der Destillation von Erdöl gut die Wirkungsweise einer Rektifizierung und die Möglichkeit, ein Destillat in einzelne Bestandteile zu zerlegen.

Beim Erdöl gibt es mehr zu trennen als beim Alkohol.

Im Gegensatz zu der gemäßigten Alkoholdestillation, bei der wir zwei Flüssigkeiten voneinander trennen wollen (Alkohol und Wasser), haben wir es bei der Erdöldestillation mit wesentlich mehr unterschiedlichen Substanzen zu tun. Trotzdem bleibt die Funktionsweise dieselbe, wir trennen die Inhaltsstoffe des Erdöls durch die Destillation, indem wir einzelne Inhaltsstoffe mit verschiedenen Siedepunkten bei unterschiedlichen Temperaturen abdestillieren. Auch bei der Erdöldestillation ist es schwierig, exakte Übergänge zu finden. So wie beim Alkohol der Übergang vom Vorlauf zum Trinkalkohol fließend ist, so sind auch die Übergänge vom Gas zum Benzin, über das Kerosin und Petroleum zum Diesel oder Heizöl bis hin zum Schweröl und dem verbleibendem Teer oder Bitumen, fließend. Wir heizen unser Erdöl nicht erst auf 20 °C, nur um zuerst die leicht flüchtigen Gase abzufangen. Wir heizen das Rohöl direkt auf 400 °C und jagen alle Dämpfe durch eine bis zu 50 Meter hohe Destillationskolonne mit unterschiedlichen Glockenböden, die es uns erlauben, auf unterschiedlichen Höhen der Kolonne verschiedene Bestandteile aus dem Destillat abzuleiten. Wir kennen diese Kolonnen bereits aus der Alkoholdestillation. In modernen Industriebrennereien wird ebenfalls mit Glockenböden gearbeitet, wodurch das Destillat an der optimalen Höhe und in optimaler Konzentration abgenommen werden kann.

Destillieren bei 400 °C

Stellen Sie sich einfach vor, wie unten bei voller Hitze das überheizte Rohöl aufdampft und der Dampf auf dem langen Weg durch die Kolonne je nach der Schwere der Inhaltsstoffe (oder dem damit verbundenem niedrigeren Siedepunkt) aufsteigt. Die wirklich schweren Verbindungen, wie Teer, Paraffine oder verschiedene Schmieröle, bleiben zunächst im Sumpf der Destille, während Schweröle später gecrackt[3] oder zum Antrieb von Großschiffen verfeuert werden. In einigen Metern Höhe, wenn der Dampf „nur noch" 300 °C aufweist, sammelt sich zunächst das Heizöl, dicht gefolgt vom Diesel. Folgen wir dem Dampf weiter in die Höhe, so können wir ab etwa 200 °C bereits Petroleum ableiten und in noch größeren Höhen, bei etwa 150 °C, endlich unsere einzelnen Benzinsorten. Dabei liegt der Mengenanteil pro Liter Rohöl beim Diesel bei etwa 20 % und bei Benzin mit bis zu 25 % am höchsten.

Dank der extrem hohen Destillationskolonnen können an unterschiedlicher Höhe verschiedene Inhaltsstoffe mit unterschiedlichen Siedepunkten abgeleitet werden.

In einer zweiten Destillation im Vakuum wird die Temperatur auf bis zu 500 °C erhöht und zugleich Wasserdampf zugeleitet. Spätestens hier steigen wir im privaten Bereich aus. Trotzdem ist es interessant zu wissen, dass die vorherige erste fraktionierte Destillation in einer großen Kolonne zunächst genügt, um Diesel und Benzin herzustellen.

Das weitere Verfahren des Crackens sowie die teilweise nachfolgenden und sehr aufwendigen Raffinierungsverfahren dienen nur noch der Ertragssteigerung und der aus Umweltschutzgründen dringend notwendigen Reinigung der Rohbenzine.
Wenn es sein müsste, könnten wir jedenfalls auch mit einfachen Destillieranlagen unser Benzin selbst destillieren und eventuell mit selbst gebranntem Alkohol mischen. Mit diesem Wissen sind wir wenigstens theoretisch für die nächste große Energiekrise bestens gerüstet.[4]

3 Der Bedarf an leichteren Benzinen ist höher als der an schweren Ölen. Durch das Cracken werden die langen Kohlewasserstoffketten der schweren Erdölbestandteile gespalten, wodurch es möglich wird, größere Mengen an flüchtigeren Destillaten zu erhalten.

4 Irgendwer muss in einer Endzeitutopie, wie sie beispielsweise in den MadMax-Filmen dargestellt wird, ja auch noch destillieren können.

Ätherische Öle

Wir wissen inzwischen, wie wir reines Wasser oder sehr reinen Alkohol destillieren oder ein Destillat in unterschiedliche Fraktionen aufteilen können. Damit wissen wir schon recht viel. Und noch mehr, weil wir vorhandene Aromen aus einer Maische nicht nur erhalten, sondern durch eine Dampf- oder Schleppdestillation in ein Destillat hineindestillieren können. Mit diesem schon relativ fortgeschrittenen Grundwissen sind wir bestens vorbereitet für die Herstellung ätherischer Öle und Hydrolate.

Optimal für ätherische Öle: die schnelle Schleppdestillation

Im Gegensatz zu den „gebremsten" Destillationen durch hohe Kolonnen oder allerlei Rektifizierungseinrichtungen destillieren wir ätherische Öle auch im Hobbybereich möglichst zügig und schnell. Erinnern wir uns an den Anfang des Buches. Wenn wir es dem Dampf einfach machen, durch die Destille bis zum Kühler zu gelangen, dann lassen wir ihm die Möglichkeit, viele Aromen aus dem Brennkessel mitzuschleppen. Und genau darum geht es bei der Herstellung ätherischer Öle. Wir versuchen aus dem Pflanzenmaterial im Brennkessel die maximal mögliche Menge an Aromen und ätherischen Ölen in den Kühler zu geleiten.

Trockene Destillation eher ungeeignet

Es ist möglich, Pflanzen einfach für eine trockene Destillation direkt in den Brennkessel zu geben und zu erhitzen, um die ätherischen Öle zu erhalten. Diese Methode ist aber sehr ineffektiv, weil sich die Öle nur schwer aus dem Pflanzenmaterial lösen und wir so nur sehr geringe Mengen erhalten können. Eine Methode, die auch in der Industrie kaum angewendet wird.

Die Destillation von Zitronenmelisse im Aromamuseum Buchenau

Ätherische Öle mischen sich „untrennbar" mit Alkohol.

Wir benötigen ein „Lösungsmittel", um die ätherischen Öle in ausreichender Menge und Qualität abdestillieren zu können. Dabei würde sich Alkohol theoretisch sehr gut eignen, denn ätherische Öle sind alkohollöslich. Wir könnten ätherische Öle also zwar gut mit Alkohol aus den Pflanzen herausdestillieren, aber danach nicht mehr voneinander trennen. Hier sind wir zurück bei der Alkoholdestillation, denn im Bereich der Geistherstellung ist es durchaus erwünscht, dass ätherische Öle das Aroma des Brandes bereichern. Ein Gin lebt davon, dass sich die Wacholder- und anderen Gewürzöle im Alkohol auflösen und ihre Aromen freigeben.

Wasser als ideales Hilfsmittel, um ätherische Öle aus Pflanzen zu lösen.

Möchten wir die ätherischen Öle aber später abtrennen, dann destillieren wir am besten mit Wasser. Wasser vermischt sich nicht mit den ätherischen Ölen, die Temperatur des Wasserdampfes ist aber höher als der Siedepunkt der meisten ätherischen Öle. Dadurch werden die ätherischen Öle zuverlässig und sehr schnell aufgeheizt und platzen sozusagen als eigene kleine Gasbläschen aus der Pflanzenzelle. Wichtig ist, wie anfangs schon erwähnt, vor allem ein schnelles Aufheizen, um die ätherischen Öle nicht zu lange erhitzen zu müssen, und ein Zerkleinern der Pflanzen, um dem Dampf eine maximale Angriffsfläche zu bieten. Bei einer Alkoholdestillation ist es dagegen oft sinnvoll, langsam anzuheizen, um den gesundheitsschädlichen Vorlauf besser abtrennen zu können. Bei der Destillation ätherischer Öle spielt das keine Rolle, wir sollten hier immer schnell aufheizen, um die Aromen zu schonen.
Alles in allem unterscheiden wir in der Praxis der Destillation ätherischer Öle **zwei Grundvarianten,** die wir im Wesentlichen schon anstelle von Wasser mit Alkohol bei der Geistherstellung kennengelernt haben. Wir destillieren entweder **direkt,** indem wir das Pflanzenmaterial lose in den Brennkessel geben, mit Wasser

auffüllen und dann zügig einheizen. In diesem Fall bilden die ätherischen Öle mit zunehmender Temperatur im Brennkessel ein Dampfgemisch mit dem Wasser und gehen gemeinsam über bis in den Kühler. Oder wir destillieren, wie vorher schon bei der Alkohol-Geistherstellung durch Dampf, indem wir das Pflanzenmaterial in den Dampfraum der Destille füllen und **mit heißem Dampf** durchströmen. Je nach Pflanze und Verfahrensweise können die dabei entstehenden Qualitäten sehr unterschiedlich ausfallen. Die meisten Pflanzen sollten für eine hohe Qualität und Ausbeute durch Dampf destilliert werden. Nicht nur bei uns im Hobbybereich, auch im gewerblichen Bereich werden ätherische Öle zumeist durch Dampf destilliert. Wie immer finden wir aber auch hier Ausnahmen. Lavendel beispielsweise wird immer durch Dampf destilliert. Die zarten Blüten für das kostbare Rosenöl verbleiben dagegen direkt im Kessel.

Beste Qualität durch Wasserdampf

Beide Methoden haben sowohl Vor- als auch Nachteile. Beim direkten Destillieren im Brennkessel werden die Pflanzen besser eingeweicht und dabei vom sprudelnd kochenden Wasser bewegt. Dafür kann wegen der höheren Temperaturen, denen die Öle ausgesetzt sind, die Qualität leiden. Hier liegt ein großer Vorteil der Dampfdestillation, denn dabei müssen die ätherischen Öle nicht so stark erhitzt werden und bilden eigene Dämpfe, die bei niedrigeren Siedepunkten neben dem heißen Wasserdampf durch die Destille gehen.

Für sehr hochwertige Ergebnisse verwenden Sie bei zarten Blüten am besten die am frühen Morgen frisch geernteten, aber bereits leicht angewelkten Pflanzen. Die Konzentration an ätherischen Ölen (und anderen Wirkstoffen) ist in den frühen Stunden am höchsten, weil die Pflanzen „sich" die Nacht über sammeln und noch keine Düfte an die Umgebung abgeben konnten.[1] Oft erscheint uns das Aroma in der Mittagszeit stärker und tatsächlich verströmen die meisten Pflanzen tagsüber den intensivsten Duft, um Insekten oder andere Tiere anzulocken. Wir versuchen die Pflanzen also zu ernten, bevor sie ihren Duft in die Umgebung verströmt haben. Durch das leichte Anwelken der frischen Pflanzen vermindert sich die Zellspannung im Inneren der Pflanze und die ätherischen Öle werden beim Destillieren leichter freigegeben, was wiederum den Ertrag erhöht.

Bei Blättern, Kraut oder Wurzeln spielt der Erntezeitpunkt eine geringere Rolle. Wenn Sie es besonders gut meinen, dann ernten Sie nach dem Mondkalender oder nach

Eine Kolonnenbrennerei bietet extra viel Raum für das Pflanzenmaterial direkt über dem Brennkessel.

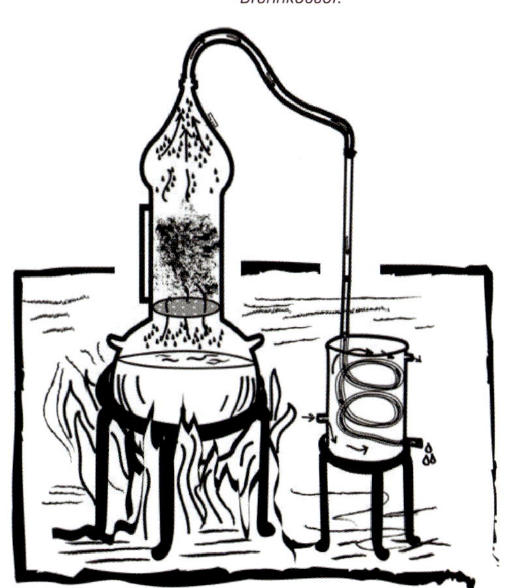

1 Bei der Rosenöldestillation sind die Familien zumeist in den frühen Morgenstunden gemeinsam am Ernten. Sobald die ersten Ladungen der empfindlichen Blüten geerntet sind, wird das Öl frisch destilliert.

astrologischen Gesichtspunkten. Nach den Erfahrungen früherer Alchemisten sind die Wirkstoffe der Pflanzen zu bestimmten Zeiten und Sternenständen wesentlich konzentrierter.

Getrocknete Pflanzen am besten einen Tag vorher einweichen.

Verwenden Sie getrocknete Pflanzen zum Destillieren, dann weichen Sie diese am besten vor der Destillation einen Tag[2] ein und destillieren sie mitsamt dem Einweichwasser. Leider lassen sich diese Ratschläge nicht verallgemeinern. Jede Pflanze ist anders, ebenso wie sich die ätherischen Öle der einzelnen Pflanzen stark in Zusammensetzung und Verhalten unterscheiden. Wir kennen bei der Herstellung von ätherischen Ölen in allen Bereichen Ausnahmen. Bei manchen Pflanzen, wie beispielsweise dem Lavendel, erhöht sich der Ertrag durch das vorherige Antrocknen. Wegen der unkomplizierten Handhabung und dem zumeist hohen Ertrag ist der Lavendel sicher eine der liebsten Pflanzen der Destillateure. Alles in allem kann gesagt sein, dass die Pflanzen versuchen, die ätherischen Öle möglichst auch beim Welken bei sich zu halten, weshalb auch getrocknetes Material meistens noch sehr gut zum Destillieren geeignet ist.

Nur 1 % aller Pflanzen enthalten ätherisches Öl.

Sie sollten auch noch wissen, dass bei Weitem nicht alle Pflanzen ätherische Öle in sich tragen. Nur etwa 1 % aller Pflanzen enthalten ätherische Öle und die meisten davon nur in so geringen Mengen, dass sich die Destillation nicht lohnt. Glücklicherweise erhalten wir bei der Destillation von Pflanzen aber nicht nur die ätherischen Öle, sondern auch noch das Hydrolat. Darunter versteht man ein Pflanzenwasser, welches wir ebenfalls je nach Pflanze zu kosmetischen oder medizinischen Zwecken verwenden können.

Praktische Übung mit Lavendel

Wenden wir uns an dieser Stelle dem praktischen Destillieren zu und destillieren wir etwas Lavendelöl zur Entspannung. Hierzu verwenden wir am besten eine Destille mit Dampfraum oder Aromasieb über dem Brennkessel. Wir füllen unseren Brennkessel zunächst etwa zur Hälfte mit Wasser[3] und den Dampfraum mit möglichst viel getrocknetem und zerkleinertem Lavendelkraut. Falls Ihre Destille keinen speziellen Dampfraum haben sollte, können Sie improvisieren, indem Sie beispielsweise einen Dämpfeinsatz aus der Küche zum Aromakorb umfunktionieren oder ein feines Tuch im Kessel befestigen. Es kommt einzig darauf an, die Pflanzen vom Wasser fernzuhalten und den aufsteigenden Wasserdampf dazu zu bringen, durch die Pflanzen hindurchzudampfen.

Perfekt wäre selbst geernteter Lavendel, wenn er ein bis zwei Wochen antrocknen durfte. Sie können aber auch gekauften getrockneten Lavendel destillieren. Lavendel ist gutmütig beim Destillieren und kann sehr gut auch getrocknet verwendet werden.

2 Verwenden Sie am besten destilliertes oder durch einen Filter entmineralisiertes Wasser.

3 Eine größere Wassermenge hat keinen Vorteil, benötigt aber mehr Energie und Zeit beim Aufheizen. Achten Sie darauf, dass die Wassermenge nicht zu niedrig ausfällt! Der Brennkessel darf keinesfalls zum Ende der Destillation trocken laufen.

Befüllen Sie den Dampfraum Ihrer Destille mit möglichst viel Pflanzenmaterial für eine hohe Ausbeute.

Welche Pflanzenteile destillieren wir?

Ich werde oft gefragt, welche Teile der Pflanze wir in die Destille geben können. Die ätherischen Öle sitzen beim Lavendel überwiegend in den Blüten. Bei einer kleinen Destille würde ich Ihnen für einen höheren Ertrag empfehlen, die feinen Blüten vom holzigen Kraut zu befreien und nur die Spitzen zu destillieren. Auch bei der Verwendung von gläsernen Labordestillen bleibt Ihnen kaum eine Alternative zum Abrebeln und Zerkleinern der Blüten, wenn Sie die feuchten, aufgequollenen Rückstände nach dem Destillieren jemals wieder aus dem Kolben entfernen möchten. Bei der Verwendung großer Destillieranlagen wäre der damit verbundene Arbeitsaufwand aber zu hoch. Sie dürfen auch einzelne Zweige oder, bei richtig großen Destillen, sogar den gesamten Strauch mitdestillieren.

Bei größeren Anlagen muss ich sogar empfehlen, auch grobe Pflanzenteile mitzudestillieren, damit die feinen Blüten sich nicht durch die Feuchtigkeit des Dampfes zusammensetzen. Die Strauchanteile sorgen dafür, dass der Dampf ungehindert an alle Blüten herankommt, und erhöhen dadurch den Ertrag. Manche große Destillen bieten mehrere Siebe übereinander, um das Pflanzenmaterial etwas lockerer schichten zu können.

Mehr Pflanzenmaterial für mehr Ertrag!

Eines ist sicher, je mehr hochwertiges Pflanzenmaterial Sie in Ihrem Dampfraum unterbringen, umso höher wird der Ertrag. Bei der Destillation ätherischer Öle sollten wir im Gegensatz zur Alkoholdestillation versuchen, den Brennkessel möglichst schnell aufzuheizen; sobald wir den Siedepunkt jedoch erreicht haben, sollten wir die Temperatur aber etwas herunterregeln. Es gilt, dem Pflanzenmaterial die kostbaren flüchtigen Öle schonend herauszulocken. Je nach Bauart Ihrer Destille kann es durchaus sinnvoll sein, den Kessel schon zu Beginn mit heißem Wasser zu befüllen, um schneller aufheizen zu können und dadurch das Pflanzenmaterial zu schonen. Wenn Ihre Destille und Ihre Erfahrung es erlauben, können Sie auch warten, bis das Wasser im Brennkessel wirklich kocht und dann erst die Kolonne oder das Aromasieb mit der Pflanzenfüllung aufsetzen und die Anlage montieren.[4]

Steigern Sie den Ertrag durch optimale Kühlung!

Die ätherischen Öle sollten nicht unnötig erwärmt, sondern nach Möglichkeit zügig und schnell aus den Pflanzen gelöst, überdestilliert und im Kühler wieder abgekühlt werden. Auf diese Art erhalten wir das beste ätherische Öl, das wir aus Lavendel gewinnen können.

Übrigens können wir die Ausbeute weiter steigern, wenn wir anstelle von mineralhaltigem Leitungswasser gleich mit destilliertem oder gefiltertem Wasser arbeiten. Offensichtlich fällt es dem Dampf eines entmineralisierten Wassers leichter, die Öle aus den Pflanzen zu lösen und mitzuschleppen.

---

4 Bei einer Kolonnenbrennerei ist das meistens gut möglich, weil man die Kolonne separat mit dem Pflanzenmaterial füllen kann. Bei anderen Destillen ist vielleicht etwas mehr Übung nötig.

Katjas erste Flasche selbst destilliertes Lavendelhydrolat

Es perlen die ersten Tropfen heraus ...

Wenn Sie alles richtig gemacht haben, sollten jetzt die ersten Tropfen Ihres Destillates im Kühler der Destille kondensieren und in einem feinen Strom herausrinnen. Zum Auffangen verwenden Sie bei kleineren Destillen am besten ein hohes schlankes Gefäß, einen schmalen Messzylinder oder eine Flasche mit engem Hals. Ihr Destillat besteht zum größten Teil aus einem duftigen Lavendelwasser, dem Hydrolat und den obenauf schwimmenden ätherischen Lavendelölen. Destillieren Sie so lange, bis Sie etwa zwei Drittel der ursprünglichen Flüssigkeitsmenge wieder herausdestilliert haben und achten Sie unbedingt darauf, die Destillation zu beenden, bevor der Brennkessel völlig trocken ist.

Abtrennen der ätherischen Öle vom Hydrolat

Zum Abschluss unserer Destillation trennen wir noch das ätherische Öl vom Hydrolat. Je nach Menge empfehlen sich verschiedene Methoden. Im Hobbybereich sind wir meistens mit einer Spritze oder Pipette gut bedient. Vorsichtig können wir damit die ätherischen Öle vom Hydrolat aufnehmen und dann, wenn sich das Ganze auch in der Pipette etwas beruhigt hat, sehr genau voneinander trennen. Bei größeren Mengen empfiehlt sich ein spezieller Ölabscheider aus dem Laborbereich oder eine sogenannte Florentiner Flasche. Erst bei wirklich großen Mengen lohnt sich die Anschaffung eines automatischen Ölabscheiders wie auf dem Bild auf S. 108.

Automatischer Ölabscheider bei einer gewerblichen Lavendeldestillation in Frankreich

Unkomplizierte Pflanzen zum Destillieren im Hobbybereich

Wie anfangs angedeutet, ist Lavendel unkompliziert beim Destillieren. Ebenso einfach verhält es sich mit den meisten stark ölhaltigen Pflanzen, wie Nelken, Anis, Sternanis, Fenchel, Kümmel, Minze, Estragon, Majoran, Rosmarin, Wacholderbeeren, Muskatnüsse, Ingwer, Eukalyptus, Piment oder Kalmus.[5] Sie können aber nicht bei jedem Kraut mit so einer hohen Ausbeute wie beim Lavendel rechnen. Viele Pflanzen mit eigentlich starkem Duft oder Aroma enthalten nur geringe Mengen an ätherischen Ölen. Ich denke hier an Vanille, Zimt, Koriander und an die zarten Blütenöle von Rose, Jasmin, Flieder, Kamille oder Orangen, um nur ein paar Beispiele zu nennen.

Ebenso wenig wird sich das ätherische Öl so schön vom Hydrolat abheben, wie das beim Lavendel der Fall ist. Manche Öle sind schwerer als Wasser und sinken deswegen auf den Boden Ihres Auffangbehälters. Andere ätherische Öle sind völlig farblos und deswegen kaum zu sehen. Und oft ist bei ähnlichem Gewicht das ätherische Öl nach der Destillation zunächst mit dem Hydrolat verwirbelt. Dann kann es sinnvoll sein, das Destillat erst eine Nacht ruhen zu lassen, damit es sich absetzen kann, bevor man versucht, die ätherischen Öle vom Pflanzenwasser zu trennen.

5 Zitrusfrüchte enthalten ebenfalls ätherische Öle, die aber schonend abgepresst und nicht destilliert werden.

So lernen Sie die Pflanzen kennen …

Probieren Sie es einfach mit dem aus, was Sie in Ihrem Garten, in der Natur oder in Ihrem Gewürzregal finden. Sie werden schnell die Unterschiede kennenlernen und es vielleicht eines Tages der Pflanze schon ansehen, ob sie ausreichend ätherische Öle enthält und zum Destillieren gepflückt werden möchte. Letztendlich ist das Destillieren der ätherischen Öle sehr einfach, nur die Menge entspricht nicht immer dem, was wir uns wünschen. Mit dem Wissen über die Pflanzen kommt das Können beim Destillieren. Sie können aber auch den umgekehrten Weg gehen und durch das Destillieren die Pflanzen besser kennenlernen.

Gibt es auch „schwierige" Pflanzen?

Bei der vorherigen Dampfdestillation hatten wir es mit einer stark ölhaltigen Pflanze zu tun. Nun gibt es aber eine stattliche Anzahl weniger ölhaltiger Pflanzen, die man trotzdem destillieren kann. Am bekanntesten ist hier die Rose, aber auch Jasmin oder die Orangenblüten fallen eher in diese Kategorie. Aufgrund der geringen Ausbeute ist es uns im Hobbybereich nahezu unmöglich, sichtbare Mengen an ätherischen Blütenölen zu destillieren. Wenn man sich vorstellt, welche Mengen nötig wären, erkennt man sofort, dass die mit den erlaubten Destillengrößen[6] nicht mehr zu verarbeiten wären. So benötigt ein einziger Tropfen Rosenöl etwa ein Kilogramm frisch geernteter Rosenblüten. Vom Volumen her ist das eine stattliche Menge, die sich sicher nicht mehr in eine legale Hobbydestille pressen lässt.

Auch in einer Pot-Still-Destille kann man ätherische Öle durch Dampf gewinnen, wenn man etwas improvisiert und ein Aromasieb in den Kessel legt.

6 Traurig, aber wahr, in Deutschland darf man privat nur eine 0,5-Liter-Destille besitzen. Dagegen wirken Österreich mit zwei Litern oder die Schweiz mit drei Litern schon fast großzügig. Zur Herstellung von Rosenöl wären aber alle drei Größen noch viel zu klein.

Pflanzenwasser kann aus jeder Pflanze hergestellt werden.

Uns bleibt aber auch mit einer sehr kleinen Destille die Destillation des Pflanzenwassers. Die sogenannten Hydrolate sind eine sanfte und relativ einfach herzustellende Kostbarkeit. Unter den aromatischen Wassern ist das Rosenwasser nicht nur das berühmteste, sondern vermutlich immer noch das begehrteste. Dabei sind auch die vielen anderen Pflanzenwasser durchaus nützlich und können vielseitig eingesetzt werden – in der Naturkosmetik, in der Küche oder zur Steigerung des Wohlbefindens.

Wir destillieren ein Hydrolat.

Um auch ein Hydrolat gemeinsam destilliert zu haben, destillieren wir im nächsten Schritt am besten ein Rosenhydrolat. Hydrolate zu destillieren ist aber insgesamt recht unkompliziert und bringt fast immer gute Ergebnisse. Ich denke, wenn Sie erst einmal eine Destille zur Verfügung haben und wie ich vom „Destilliervirus" angesteckt sind, dann können Sie es nicht lassen und werden immer wieder einfach nur aus Spaß oder Neugier Hydrolate herstellen. Mit einem halbwegs praktischen Aufbau ist eine kleine Destille im Regal oder auf dem Tisch nebenbei zu betreiben. Die Destillation von Hydrolaten benötigt nicht so viel Aufmerksamkeit, wie beispielsweise die Destillation von Alkohol. Man kann tatsächlich bequem neben der Hausarbeit oder am Arbeitsplatz nebenbei destillieren.

Notizbuch und Etiketten

Wichtig ist dabei vielleicht eher noch, ein „Destillierbuch" anzulegen und sich zu notieren, was man in welcher Menge an welchem Tag destilliert hat. Außerdem gehören die Hydrolate etikettiert. Anfangs denkt man noch, man könnte sich erinnern und die Aromen, wenn man sie braucht, leicht wiedererkennen. Man braucht ja nur dran zu riechen. Aber nicht immer riecht ein Hydrolat oder ein ätherisches Öl auch nach der Pflanze, von der wir es gewonnen haben. Und ist der Kühlschrank erst einmal voller unsortierter kleiner Döschen und Fläschchen, wird es schwer, schnell das richtige zu finden, wenn man es vielleicht einmal dringend benötigt.

MEIN TIPP

Etikettieren Sie jedes Destillat immer direkt nach der Destillation und schreiben Sie auf das Etikett zumindest das Datum und den Inhalt.

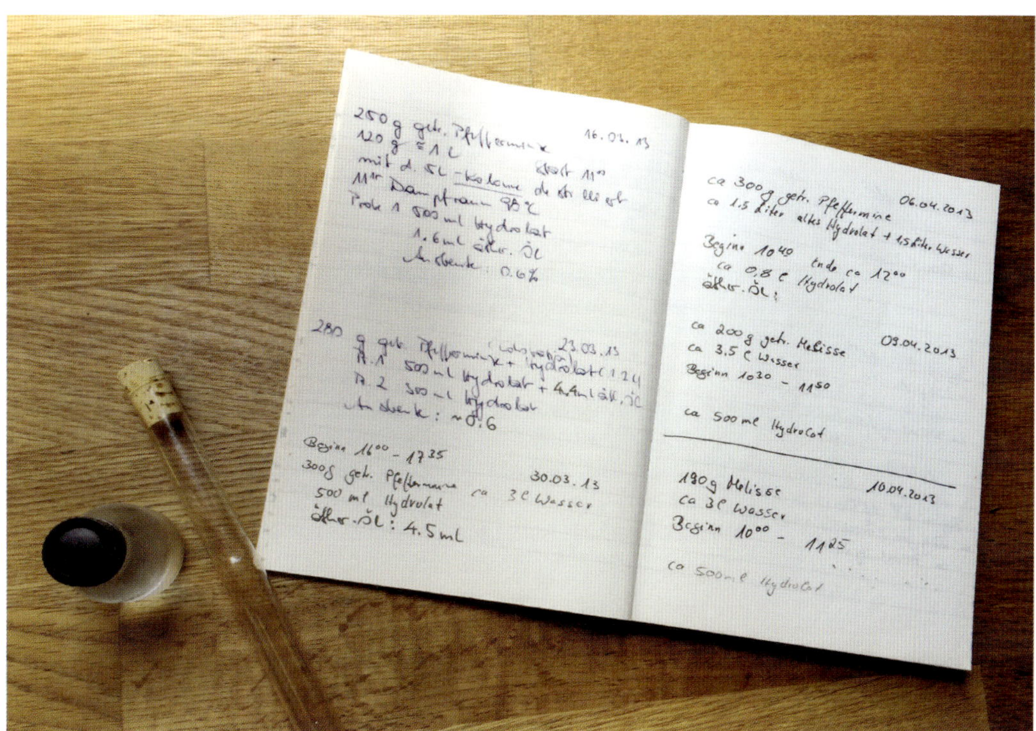

Sind Sie bereit für die erste Hydrolatsdestillation? Gut, dann legen wir los und machen bei den Rosenblüten gleich alles anders als vorher beim Lavendel. Geben Sie möglichst frisch geerntete und nur leicht angewelkte Rosenblüten direkt in den Brennkessel Ihrer Destille.

Es ist interessant, wenn man aufgrund eigener Notizen noch Jahre später einzelne Destillationen und deren Ergebnisse vergleichen kann.

Warum? Viele zarte Blütenöle vertragen die Dampfdestillation nicht, weil sich Blütenwachse lösen und die Blätter im Dampf aneinanderhaften und dabei die feinen Poren verschließen. Die feinen Duftdrüsen sitzen auf der unteren Seite der Blätter, deswegen sollten die Blätter auch nicht fest aufeinanderliegen. Für ein gutes Rosenwasser geben wir die frisch geernteten Rosenblätter besser direkt in den Brennkessel und gießen dann mit Wasser auf. Anschließend heizen wir möglichst schnell und kräftig ein, damit die feinen Aromen nicht zerkochen, die Blütenblätter im Kessel aber durch das kochende Wasser in Wallung gebracht werden und sich umherbewegen können.

Frisches Rosenwasser einfach selbst machen!

Im Kühler der Destille kondensiert dann kurz nach der Anheizphase das bestmögliche Rosenwasser und tropft alsbald in Ihre Auffanggefäße. Eine feine Köstlichkeit für kosmetische Anwendungen und die orientalische Küche!

Dampf oder nicht Dampf – das ist die Frage …

Im Gegensatz dazu duftet ein durch Dampf gewonnenes Rosenwasser eher krautig oder nach Spargel als nach Rosen[7]. Probieren Sie es aus, indem Sie einfach die gleiche Menge Rosenblüten durch Dampf destillieren und die Ergebnisse vergleichen. Und wenn Sie schon dabei sind, dann destillieren Sie doch auch einmal Nelken, Wacholder, Lavendel oder Minze einmal mit und einmal ohne Dampf. Nur so aus Spaß, um Ihre Destille besser kennenzulernen und um zu vergleichen. Sie werden schnell die Unterschiede erkennen. Und vermutlich werden Sie ebenso schnell demnächst schon am Duft einer Pflanze erkennen, ob es besser ist, diese durch Dampf oder direkt im Kessel zu destillieren.

Vertrauen Sie Ihrer Intuition und Ihren Sinnen!

Sollten Sie sich einmal nicht sicher sein, welches die beste Methode ist, dann denken Sie daran: Beim Destillieren dürfen Sie Ihren Sinnen vertrauen. Am Anfang stützen Sie sich vor allem auf Ihren Geruchssinn und Ihre Augen, dann können Sie die Pflanzen bald auch schmecken und fühlen und vielleicht eines Tages sogar hören. Wenn Sie nicht sicher sind, dann vertrauen Sie auf Ihr Bauchgefühl. Die erste spontane Eingebung ist meistens die richtige, auch wenn Sie ein eigenes Destillat im Hobbybereich herstellen möchten.

Pharmaindustrie und EU-Regulierungen?

In der Industrie geht man natürlich andere Wege. Hier müssen identische Produkte über Jahre in gleicher Qualität und mit messbaren Wirkstoffen hergestellt werden. Zudem müssen diese auch vor den vielen Bestimmungen und Gesetzen verantwortet werden. Dabei geht es ums Geldverdienen, um Effizienz, um wiederholbare Dosierung, um reproduzierbare Mischungen und zuletzt vielleicht auch tatsächlich um ein kleines Plus an Sicherheit. Man erntet Pflanzen nur aus bestimmten Züchtungen, erntet auf günstigstem Wege und verarbeitet in industriellen und voll automatisierten Großanlagen. Und man nutzt weitere Destillationsmethoden, die ich gerne auch erklären möchte.

In der Pharmaindustrie beispielsweise werden Anlagen verwendet, bei denen extrem überhitzter Wasserdampf mit dem Pflanzenmaterial durch große Kolonnen[8] gejagt wird. Dabei wird, vereinfacht gesagt, der Wasserdampf extern in einem speziellen Dampfkessel erzeugt und auf dem Weg in die Kolonne mit den Pflanzenteilen durch ein glühend heißes Rohr getrieben. Aufgrund der eigentlich viel zu hohen Temperatur bleibt der Dampf ungesättigt und kann in Relation zur eigentlichen Dampfmenge deutlich mehr ätherische Öle aufnehmen. Bedauerlicherweise leidet die Qualität hier alleine schon wegen der zu hohen Temperaturen, weshalb

7 Ein Rosenöl besteht aus 400 einzelnen Komponenten, die je nach Art der Destillation und der Sorte unterschiedlich zusammengesetzt sind. Ein Parfumeur verwendet 17 unterschiedliche Rosendüfte bei seiner Arbeit.

8 BASF beispielsweise produziert in Ludwigshafen Menthol in einer 60 Meter hohen Destillationskolonne.

Kolonnenbrennereien im Destillierhaus der Maienfelser Naturkosmetik

Überhitzen Sie Ihre Destille nicht!

im privaten Bereich von einer Überhitzung Ihrer Destille dringend abzuraten ist. In der Industrie wird diese Methode vor allem für ätherische Öle mit höheren Siedepunkten angewendet. Wie bei der Erdöldestillation können manche Pflanzen unterschiedliche ätherische Öle beinhalten und diese wiederum können unterschiedliche Siedepunkte aufweisen. Möchte man diese einzelnen ätherischen Öle voneinander trennen, dann muss man auch hier in den Kolonnen mit unterschiedlichen Temperaturbereichen arbeiten. Für uns im privaten Raum spielt das aber normalerweise keine Rolle, außerdem wäre es nicht möglich, bei den für Privatpersonen erlaubten Destillieranlagen entsprechende Funktionen einzubauen. Wir destillieren daheim sozusagen „vollwertige" ätherische Öle und Hydrolate mit dem vollen Spektrum an Aromen, die uns eine Pflanze geben kann. Dabei unterscheiden wir die genauen Bestandteile, aus denen sich unsere Aromen zusammensetzen, nicht.

Industrielle Aromen dank Hexan?

Eine weitere Methode, um industriell ätherische Öle (und weitere Duftstoffe) zu gewinnen, wäre die Extraktion durch chemische Hilfsstoffe, wie beispielsweise Hexan. Hexan ist ein giftiges Lösungsmittel aus der Familie der Paraffine und wir sollten privat lieber die Finger davon lassen. Hexan ist in der Mischung mit Luft explosiv und auch sonst leicht entzündlich. Bei einer Hexanextraktion wird das Pflanzenmaterial in dem angewärmten Lösungsmittel eingelegt. Dabei gehen ätherische Öle und andere Aromen in das Lösungsmittel über. Um diese Öle wieder zurückzugewinnen, wird das Hexan schließlich abgedampft. Hier ist es ein Vorteil, dass Hexan bereits bei 69 °C in den gasförmigen Zustand übergeht und die gelösten Aromen und ätherischen Öle einen höheren Siedepunkt aufweisen. Das Hexan wird abgedampft und die begehrten Aromen bleiben im Kolben. Danach werden die Reste aus dem Kolben in Alkohol gelöst und destilliert. So erhält man stark konzentrierte Duftnoten der ursprünglichen Pflanzen. Genau genommen sind das aber keine ätherischen Öle, sondern eine Mischung aus Alkohol, ätherischen Ölen und anderen Inhaltsstoffen der ursprünglichen Pflanze. Trotzdem werden Hexanextrakte fälschlicherweise manchmal als ätherische Öle bezeichnet.[9]

Im Hobbybereich arbeiten wir lösungsmittelfrei bei niedrigen Temperaturen

Im Gegensatz zu den beiden vorgestellten industriellen Methoden bietet sich für uns im Hobbybereich die Destillation bei niedrigeren Temperaturen an. Je kürzer die Hitzeeinwirkung und je niedriger die Temperatur bei der Destillation, desto weniger Schaden können die Wirkstoffe nehmen. Wenn wir ätherische Öle in hoher Qualität und mit allen Inhaltsstoffen, beispielsweise für Heilmittel, erhalten möchten, sollten wir uns überlegen, ob wir die Temperaturen bei der Destillation nicht senken können.

Aber wie können wir die Temperatur absenken und trotzdem das Wasser im Kessel zum Verdampfen bringen? Hier erinnern wir uns an das erste Kapitel und die unterschiedlichen Siedepunkte bei unterschiedlichem Druck! Wenn der Luftdruck

9 Die korrekte Bezeichnung lautet Absolue.

Je weniger Luft im Inneren der Destille, desto niedriger der Siedepunkt im Brennkessel

sinkt, dann sinkt auch der Siedepunkt unserer ätherischen Öle und des Wassers im Brennkessel! Im Laborbereich wird deswegen oft im Vakuum destilliert. Bei den meisten Labordestillen lässt sich die Luft mit speziellen Vakuumpumpen während der Destillation absaugen. Der Siedepunkt von Wasser im luftleeren Raum liegt bei unter 45 °C! Allerdings müssen wir hier Kompromisse eingehen und werden wir im Inneren der Destille kaum ein völliges Vakuum erzeugen können.

Herabsenken des Siedepunktes im Vakuum

Im Hobbybereich genügt es meistens, wenn wir eine Labordestille mit den dicht schließenden Normverbindungen sorgfältig zusammensetzen und vorher Schlifffett zwischen die einzelnen Bauteile geben. Bei Labordestillen sollten Sie nach Möglichkeit immer ein entsprechendes Fett benutzen, nicht nur um die Destille abzudichten, sondern auch um die einzelnen Teile zu schützen und später wieder auseinander zu bekommen. Eigentlich sollte die Destille jetzt dicht sein. Wenn wir dann an einem der speziell hierfür gedachten Luftstutzen einen Schlauch mit Hahn anbringen, genügt es meistens schon, mit dem Mund fest die Luft aus der Destille herauszusaugen und dann den Hahn zu schließen. Dadurch senken wir den Luftdruck im Inneren der Destille ausreichend ab, um schonend bei niedrigeren Temperaturen um die 90 °C destillieren zu können.

Hier dürfen wir wieder improvisieren.

Übrigens ist es überaus interessant zu beobachten, wie bei unterschiedlichem Luftdruck der Kesselinhalt schon bei niedrigeren Temperaturen hochkocht, sobald Sie Luft in ausreichender Menge heraussaugen, und sich sofort wieder beruhigt,

wenn Sie wieder etwas Luft in der Kessel zurücklassen. Das Spiel funktioniert also auch andersherum. Sie können den Siedepunkt dadurch erhöhen, dass Sie Luft in die Destille hineinpumpen. **Aber Vorsicht:** Mit Überdruck ist nicht zu spaßen und Sie müssen sehr aufpassen. Eine Labordestille ist nicht zum Destillieren mit Überdruck gebaut. Die Schliffteile können durch den Innendruck auseinanderrutschen und müssten vorher gut befestigt werden. Bei allen Arbeiten mit Druck sollten Sie kugelförmige Destillierkolben verwenden, da diese dem Druck noch am besten standhalten.

Wenn Sie öfters mit Glasgeräten im niedrigeren Temperaturbereich destillieren möchten, empfiehlt sich die Anschaffung einer speziellen Vakuumpumpe, die die Luft durchgehend heraussaugen kann. Erstens bekommen Sie dann noch mehr Luft heraus und können die Temperatur dadurch weiter senken. Zweitens ist es tatsächlich relativ anstrengend, eine Destille leer zu saugen und es kann durchaus mit unangenehmen Kieferschmerzen bis zum nächsten Tag verbunden sein. Die können Sie sich mit einer Vakuumpumpe ersparen.

Mit einer Klammer kann man improvisieren und den „Saugschlauch" abklemmen, damit das Vakuum erhalten bleibt.

Bei der Vakuumdestillation ist es möglich, sowohl die niedrig siedenden als auch die höher siedenden ätherischen Öle sowie ausgezeichnete Hydrolate in sehr guter Qualität zu erzielen. Leider müssen Sie dafür die Nachteile der gläsernen Laborgeräte in Kauf nehmen. Es arbeitet sich nicht sonderlich bequem mit den Laborgeräten, weil die Destillierblasen nur schwer zugänglich sind. Dadurch ist eine Glasdestille normalerweise schlecht zu befüllen und noch schlechter wieder zu entleeren und zu reinigen. Die Mengen an Pflanzenmaterial, die man in eine Glasdestille einfüllen kann, sind sehr bescheiden,[10] die aufgequollenen restlichen Kräuter nach der Destillation wieder aus der Destille herauszubekommen, ist überhaupt eine eigene Kunst. Ich bevorzuge Destillen aus Kupfer, auch wenn ich dabei auf die Destillation im Vakuum verzichten muss. Es ist eine Grundsatzentscheidung, ob man ätherische Öle lieber in Glas oder in Kupfer destillieren möchte. Beide Varianten haben sowohl Vor- als auch Nachteile. Bei der Alkoholdestillation bleibt kein Raum für diese Überlegungen, es muss Kupfer sein.[11] Sind Sie erst einmal infiziert vom „Destilliervirus", werden Sie sich sicher gerne eine Zweit- und eine Drittdestille anschaffen und können dann beide Varianten selbst ausprobieren.

Der Trend geht zur „Zweitdestille" …

10 Vor allem, wenn man im legalen Rahmen bleiben möchte. Wenn man es darauf anlegt, kann man Glasdestillen aber in allen Größen finden.

11 Kupfer funktioniert wie ein Katalysator und nimmt unangenehm riechende Schwefelverbindungen aus dem Destillat. Das ist der Grund, warum Alkohol immer in Kupfer destilliert wird. Auch ätherische Öle sollen von dieser Katalysatorwirkung profitieren.

Vorhin habe ich höher und niedriger siedende ätherische Öle erwähnt. Ich denke, es ist an der Zeit, dass wir uns etwas mehr mit den ätherischen Ölen selbst beschäftigen. Wir sollten uns beim Destillieren am besten schon auf den späteren Verwendungszweck besinnen und die Zeit während der Destillation nutzen, um mehr über die Pflanze zu erfahren.[12] Ein ätherisches Öl ist nicht gleich ein ätherisches Öl. Nicht einmal, wenn es von derselben Pflanze stammt. Wie wir vorher erfahren haben, enthalten manche Pflanzen verschiedene ätherische Öle mit unterschiedlichen Siedepunkten und wieder andere Pflanzen geben unterschiedliche ätherische Öle ab, je nachdem, welche Teile der Pflanze Sie destillieren. Es macht manchmal einen Unterschied, ob Sie die Blüte, das Kraut oder die Wurzeln destillieren. Es kommt auch immer darauf an, was Sie später mit dem Öl anstellen wollen. Ätherische Öle und Hydrolate sind ja vielseitig verwendbar.

Eine einfache Labordestille eignet sich gut zum Beobachten der einzelnen Vorgänge und Prozesse.

Wissen Sie eigentlich, was Sie mit den selbst destillierten ätherischen Ölen alles machen können? Viele Menschen denken zuerst an Duftlampen. Aber ätherische Öle können mehr. Dank der feinen Molekularstruktur der ätherischen Öle können wir die enthaltenen Wirkstoffe nicht nur mit der Nase riechen oder über die Lunge inhalieren, sondern auch über die Schleimhäute oder unsere Haut aufnehmen. Ätherische Öle wirken direkt auf uns und unser Befinden, egal ob wir sie riechen, essen oder über die Haut auftragen. Auf ätherische Öle sprechen wir sofort an.

Wir dürfen die Beschäftigung mit ätherischen Ölen also auch nicht verharmlosen oder zu unbefangen damit umgehen. Viele der ätherischen Öle sind stark hautreizend und dürfen nur verdünnt angewendet werden. Manche der ätherischen Öle sind sogar giftig. Einige duften sehr stark nach der Pflanze, von der sie stammen, andere riechen völlig anders. Alle miteinander sind hochgradig wertvoll, wenn wir wissen, wie wir damit umgehen und wie wir sie anwenden.

Eine kleine Warnung vor allzu leichtfertigem Umgang mit ätherischen Ölen!

Bevor Sie ein ätherisches Öl herstellen und verwenden, sollten Sie die Wirkweise der Pflanze und des Öles kennen. Dann kann das Verdampfen in einer Duftlampe schon gezielt zur Aromatherapie eingesetzt werden und Ihre Stimmung oder Ihre Gesundheit beeinflussen. Oder verwenden Sie ätherische Öle in naturkosmetischen Produkten? Kreieren Sie eigene Parfums oder Seife? Nutzen Sie die Heilkraft der Pflanzenöle in der Naturmedizin? Oder genießen Sie die starken Aromen in der Küche? Oder bei der Likörherstellung und Aromatisierung von Spirituosen?

12 Am Ende des Buches gebe ich Ihnen noch einige weiterführende Tipps zu Büchern, die ich Ihnen empfehlen würde. Ansonsten macht es auch Spaß, nebenher auf einem Tablet-Computer das Internet nach zusätzlichem Wissen zu durchstöbern.

Aufwendiger Aufbau einer Kräuteraroma-Extraktions-anlage im Schnapsmuseum Feldberg-Bärental.

Hier schließt sich wieder einmal ein kleiner Kreis, denn wir können ätherische Öle sehr gut verwenden, um Alkohol zu aromatisieren. Wie in der „guten alten Zeit", als noch jeder Likörfabrikant seine eigenen Rezepte kreierte und dazu nicht nur den Alkohol, sondern auch die ätherischen Öle für die spätere Aromatisierung selbst destillierte.

Der Kreis schließt sich ...

Wir wissen bereits: Ätherische Öle lösen sich nicht in Wasser, aber sehr gut in Alkohol. Auch wenn Sie den Alkohol nicht aromatisieren und später trinken möchten, können Sie mit der Zugabe von drei Teilen Alkohol zu einem Teil ätherischer Öle die Haltbarkeit deutlich erhöhen. Bei den meisten Parfumes und vielen Heilmitteln dient Alkohol als Grundlage. Ätherische Öle ohne Alkohol können nämlich relativ schnell verderben. Das Öl verändert Farbe und Geruch, es kann verharzen und nach Terpentin schmecken. Denken Sie daran, Ihre eigenen Öle möglichst immer in dunkle Fläschchen zu füllen und wenn es geht im Kühlschrank zu lagern, genau wie auch die Hydrolate. Oder erhöhen Sie die Haltbarkeit, indem Sie mit Alkohol verdünnen.

Zur Erinnerung: Ätherische Öle lösen sich in Alkohol, lassen sich aber später nicht mehr trennen. Das ist ein wesentlicher Vorteil bei der Herstellung von aromatischen Spirituosen ebenso wie bei der Konservierung von Düften und Aromen. Wie Alkohol sind auch ätherische Öle flüchtig und gehen in die Luft über. Das stellt einen weiteren Grund dar, warum man sie so gut in der Aromatherapie, der Raumbeduftung oder bei der Parfumherstellung verwenden kann. Eine Mischung aus ätherischen Ölen mit Alkohol (oder einem gutem Öl) ist gut dosierbar und Hautreizungen, wie bei reinen ätherischen Ölen, können so vermieden werden.

Bei uns leider verboten: mit der Tischdestille unter freiem Himmel destillieren.

Wenn Sie sich nicht sicher sind, ob die ätherischen Öle zu stark sein könnten, dann destillieren Sie einfach nur die sanften Hydrolate. Und wenn Sie jetzt in der Lage sind, mit Wasser, Alkohol und ätherischen Ölen umzugehen, und sich zutrauen, diese selbst herzustellen, dann sind Sie auch schon bereit für den Umgang mit den Elementen. Mit Wasser, Feuer, Erde, Luft und dazu dem Geist, den wir nicht vergessen dürfen, starten wir ins nächste Kapitel, in die Spagyrik.

So könnte ein kleines
alchemistisches Labor
ausgesehen haben.

Spagyrische Destillationen

In der Spagyrik geht es darum, eine möglichst heilkräftige Pflanze[1] komplett in ihre Bestandteile zu zerlegen, durch die Destillation zu reinigen und danach wieder zusammenzufügen. Die Spagyrik ist sozusagen die Königsdisziplin beim Destillieren, denn alle vorher genannten Methoden der Destillation kommen in der Spagyrik zur Anwendung. Wir destillieren ätherische Öle ebenso wie Alkohol und das Wissen aus den vorherigen Kapiteln kommt uns hier zugute.

Alchemielabor aus der früheren Ausstellung des deutschen Museums in München.

Darf ich es Alchemie nennen oder ist Ihnen das zu mystisch oder unheimlich? Tatsächlich hat die Spagyrik ihre Wurzeln in der Alchemie. Auch die Verfahrensweisen stammen aus den früheren Zeiten der Alchemie. Vergessen Sie als Neueinsteiger in die Welt der Alchemie am besten erst einmal alle Gerüchte rund ums Goldmachen oder den Stein der Weisen.

Ich erlaube es mir abzukürzen und Ihnen die spagyrischen Techniken fernab aller mystischen Verklärung zu zeigen. Schon Paracelsus lenkte zum Ende des Mittelalters die

1 Genau genommen werden in der Spagyrik nicht nur Pflanzen destilliert, sondern auch Erde, Mineralien, Teile von Tieren sowie allerlei unappetitliche Ausscheidungen. Gerne dürfen Sie sich eingehender mit dem Thema befassen, in diesem Buch geht es mir darum, die Destillation zu zeigen, und ich denke, die Destillation von Pflanzenwirkstoffen ist am anschaulichsten zu erklären und bringt die besten Ergebnisse auch abseits alchemistischer Gedanken.

Ursprüngliche Retorten (Pelikane) – praktisch und sicher in einem Wandregal verwahrt

Alchemie wieder zurück in mehr naturwissenschaftliche Bahnen.

Trotzdem bleibt es Ihnen in diesem Kapitel kaum erspart, sich die Trennung nach den Elementen sowie einige alchemistische Prinzipien anzuhören. Ich kann Ihnen versichern, die Beschäftigung mit den spagyrischen Verfahrensweisen ist auch nüchtern betrachtet noch überaus interessant, die Ergebnisse extrem wirkungsvoll. Im Gegensatz zu vielen anderen Naturheilmitteln beinhalten spagyrische Arzneien alle ursprünglichen Inhalts- und Wirkstoffe einer Pflanze in komprimierter Form. Eine spagyrische Arznei enthält den Körper, den Geist und die Seele einer Pflanze, die wir zuerst voneinander trennen, um sie dann, von allem unnötigen Ballast gereinigt, wieder zusammenzuführen.[2]

Dabei erhalten wir im Gegensatz zu anderen naturheilkundlichen Methoden sowohl tatsächlich vorhandene Wirk- und Inhaltsstoffe der ursprünglichen Heilpflanzen als auch die Energien und Schwingungen, die diese abgeben können. Die Wirkweise spagyrischer Medikamente beruht dadurch auf zweierlei Fundamenten, dem Feinstofflichen und dem Körperlichen zugleich. Sie können also spagyrische Heilmittel verwenden, egal ob Sie eher wissenschaftlich oder esoterisch orientiert sind.

Aber was passiert bei der Herstellung spagyrischer Heilmittel? Wie kann man die Wirkstoffe einer Pflanze gewinnen? Wie stelle ich eine alchemistische Essenz her? Zuerst ziehen wir der Pflanze die Seele[3] heraus. Vielleicht ahnen Sie es bereits, die **Seele**, die wahre Natur einer Pflanze, zeigt sich in den ätherischen Ölen. Wir tun also genau das, was wir im vorherigen Kapitel gelernt haben. Wir destillieren die ätherischen Öle, trennen sie vorsichtig vom Hydrolat und stellen sie kühl und dunkel beiseite. Es schadet der späteren Essenz nicht, wenn Sie sich den Vorgang bildlich vorstellen und entsprechend behutsam mit der „gefangenen" Seele umgehen, damit sie nicht verkümmert.

In der spagyrischen Kunst geht es aber nicht darum, eine Pflanze ihrer Seele zu berauben, sondern sie von unnötig beschwerendem Ballast[4] zu befreien und dann wieder mit ihrem Geist und ihrem Körper zu vereinigen. Wir transformieren nach der alchemistischen Lehre die Pflanze in einen höheren Zustand des Daseins und trennen auf dem Weg dorthin das Unnötige ab.

---

2 Das Wort Spagyrik ist eine Wortkombination der griechischen Wörter *spao* und *ageiro*, was so viel meint wie „trennen" und „zusammenführen".

3 Seele, Geist und Körper nannten sich in der Alchemie Sulphur, Merkur und Sal.

4 Die alten Alchemisten sprachen noch vom „Transformieren in eine höhere Daseinsstufe".

Die ätherischen Öle repräsentieren also die Seele. Aber wie erhalten wir den **Geist** einer Pflanze? Das ist eigentlich auch relativ einfach, denn wir haben es bereits am Anfang des Buches gelernt. Wir vergären die Pflanzenreste und destillieren den dabei entstehenden Alkohol. Dabei kommen uns alle Hinweise aus dem Kapitel der Alkoholdestillation zugute, auch wenn wir wegen der zumeist eher geringen Menge ein bisschen tricksen müssen. Dazu verrühren wir etwas Zucker mit den heißen Überresten aus dem Brennkessel unserer ätherischen Öldestillation, bis er sich vollständig aufgelöst hat. Danach geben wir noch das Hydrolat (aber nicht die ätherischen Öle!) dazu.

Ätherische Öle: Die Seele der Pflanze

Leider ist es im Hobbybereich kaum möglich, kleine Quantitäten an Pflanzen ohne zusätzliche Zuckerzugabe zu vergären. Kleine Mengen vergären schlechter und der natürliche Zuckergehalt liegt bei den meisten Pflanzen zu niedrig.[5] Ein Kilogramm Zucker pro fünf Liter sind aber normalerweise genug. Denken wir an das zweite Kapitel zum Thema Einmaischen, an die Hefesorten und an die abschließende Alkoholdestillation und lassen wir die Pflanzenmaische zuerst sicher auf Raumtemperatur abkühlen, bevor wir eine Weinhefe dazugeben.

Erst nach der Destillation vergären?

Wir vergären nun die Pflanzenreste, was je nach Zusammensetzung ein paar Tage, aber auch mehrere Wochen dauern kann. Verwenden Sie bitte auch hier einen sauberen Gärbehälter und verschließen Sie ihn mit einem Gärspund. Wenn die Pflanzen zu Boden sinken und keine Gase mehr aus dem Gärspund herausblubbern, ist die Gärung abgeschlossen und wir können den Geist der Pflanze mit dem Alkohol herausdestillieren.

Der Alkohol trägt den Geist in sich.

Allerdings gelten bei spagyrischen Medikamenten andere Regeln als beim Trinkalkohol. Wir möchten möglichst viel vom Geist der Pflanze erhalten, und zwar ebenso geläutert und von allem „Unreinen" befreit, wie wir es zuvor schon bei der Seele gemacht haben. Wir destillieren deswegen länger, als wir es beim Trinkalkohol tun würden, um den in der Maische verbleibenden Restalkohol auch noch zu erhalten. Für die maximale Menge an Alkoholgeist destillieren wir mindestens so lange, bis das Destillat wirklich fade und geschmacklos erscheint und kaum noch Alkohol enthält.

Erst jetzt destillieren wir den Geist aus der Pflanze.

Nach dieser ersten Destillation, die einem verlängerten Raubrand aus dem zweiten Kapitel entspricht, ist der enthaltene Wasseranteil im Destillat zu hoch. Wir destillieren die Flüssigkeit deswegen ein zweites und ein drittes Mal. Und wenn Sie es wirklich gut meinen, dürfen Sie das Destillat auch noch ein viertes und ein fünftes Mal destillieren, um schließlich einen möglichst klaren und reinen Geist zu erhalten. Stellen Sie den Geist zur Seite. Am besten dunkel und kühl und in die Nähe der Seele.

5 Johann Glauber empfiehlt im 17. Jahrhundert, mindestens 50 Pfund zu verwenden, wenn man Kräuter ohne zusätzlichen Zucker vergären möchte.

... und wie reinigen wir den Körper der Pflanze?

Wie geht es weiter? Geist und Seele benötigen einen Körper! Hier betreten wir (fast) wieder Neuland. Es geht darum, auch den **Körper**, also die verbliebenen Pflanzenreste, zu reinigen. Um dieses Ziel erreichen zu können, müssen wir zunächst die verbliebene und unnütze Flüssigkeit aus dem Brennkessel abdampfen und alle Pflanzenreste aus den vorangegangenen Destillationen zu einer dickflüssigen Paste reduzieren.

Erinnern Sie sich ganz an den Anfang des Buches? An die Destillation im Tiegel? Bei der man nicht den Dampf, sondern die Überreste im Kessel behalten wollte? Genau das tun wir jetzt, wir dampfen die Flüssigkeit ab und behalten den festen Rest.

Offene Destillation im Tiegel

Verwenden Sie am besten eine offene emaillierte Pfanne, ein feuerfestes Gefäß aus Ton oder eine richtige Abdampfschale aus dem Laborbedarf. In diesem Gefäß heizen Sie die Flüssigkeit auf und dampfen langsam und unter stetigem Umrühren die Feuchtigkeit heraus, bis Sie eine dickflüssige, zähe Masse übrig haben. Es bleibt genug Zeit dazwischen, um uns dabei auf die frühzeitlichen Anfänge der Destillation zu besinnen. Das Eindampfen ist eine archaische Methode, um ein bestimmtes Material zu erhalten. Alles, was uns die Pflanze durch Dampf geben könnte, haben wir bereits vorher herausdestilliert. Jetzt geht es nur mehr darum, die festen Bestandteile, den Körper, zu erhalten.

Wir heizen ein ...

Genau genommen ist der Prozess ähnlich wie beim Einkochen von Ketchup oder Marmelade. Sie dampfen weiter und rühren dabei immer wieder um, bis Sie eine zähe, breiartige Masse erhalten. Und dann heizen Sie weiter. Hier folgt der spannende Teil, der einen Koch vermutlich schmerzen wird. Heizen Sie immer weiter! Lassen Sie die Pflanzenreste langsam schwarz verkohlen! Und heizen Sie weiter! Sie können dabei vorsichtig umrühren. Lassen Sie sich nicht abschrecken, wenn es gefährlich blubbert und stinkt. Der Körper muss durch Hitze gereinigt werden, alles Überflüssige soll entweichen.

Es versteht sich eigentlich von selbst, dass Sie hierbei für eine ausreichende Lüftung sorgen sollten. Abgesehen davon, dass die Dämpfe mancher Pflanzen Ihr Wohlbefinden beeinträchtigen könnten, sind die Dämpfe, die beim Verkohlen und Ausbrennen entstehen, wahrscheinlich sogar gesundheitsschädlich. Ideal wäre natürlich ein Arbeitsplatz an einem guten alten Kamin, im Freien oder unter einer Dunstabzugshaube.

Das Kalzinieren – ein langwieriger Prozess ...

Heizen Sie immer weiter, bis die Masse nach und nach verkohlt und sich in Asche wandelt – in weiße Asche. Heizen Sie so lange weiter, bis das gesamte Pflanzenmaterial ausgeglüht ist und in reinem Weiß erstrahlt.[6] Achten Sie bitte darauf, die

6 Diesen Vorgang nannten die alten Alchemisten „kalzinieren" = „weiß wie Kalk machen".

Ganze Laboratorien wurden einst für die Meister aus der Destillerie gebaut.

Mischung beim Ausglühen nicht zu überheizen. Ab spätestens 800 °C schmelzen kostbare Salze aus der ursprünglichen Pflanze, die wir aber gerne erhalten würden. Heizen Sie lieber langsam und dafür länger. Je nach Menge und Pflanze kann das im schlimmsten Falle sogar einige Tage dauern.

Zeit für die „spagyrische Kunst"?

Spätestens jetzt werden Sie merken, dass spagyrische Verfahren mitunter viel Zeit in Anspruch nehmen. Das wird wohl auch der Grund dafür sein, warum wir heute nur wenige spagyrische Arzneien kaufen können. Wenn Sie selbst destillieren, werden Sie schnell merken, welche Kraft in der Spagyrik ruht und wie sehr die Philosophie dahinter dazu geeignet ist, einen Gegenpol zu unseren heutigen schnelllebigen Gewohnheiten zu bilden. Das Beobachten der Prozesse beim Destillieren ebenso wie der Umgang mit den Elementen und das Ziel der Erhöhung in eine „geklärte" Daseinsform sind auch heute noch dazu geeignet, alte spirituelle Wege zu entdecken.

Aber ich schweife ab. Wenn Sie alles richtig gemacht haben, dann haben Sie jetzt einen Haufen feiner weißer Asche vor sich. Ist die Asche nicht vollständig weiß, zerstoßen Sie feste Rückstände mit dem Stiel eines Kochlöffels und heizen Sie immer weiter, bis wirklich alles durch und durch weiß erscheint. Nur so können Sie ein reines spagyrisch aufbereitetes Salz erhalten.

Das Salz der Pflanze ist der vom Balast befreite Körper.

Erst dann, wenn sich die Pflanzenreste wirklich nicht weiter aufhellen lassen, brechen Sie die Hitzezufuhr ab. Geben Sie die feine Asche in ein Glas und füllen Sie etwa die dreifache Menge angewärmtes destilliertes Wasser dazu.[7] Rühren Sie gut um. Die Salze, auf die wir es abgesehen haben, sind wasserlöslich und gehen jetzt aus der Asche in das Wasser über. Um wirklich alle Salze restlos zu lösen, empfiehlt es sich, das Glas über Nacht stehen zu lassen und wiederholt kräftig zu verschütteln und umzurühren.

So lösen wir die Salze heraus.

Abschließend gießen wir das Wasser durch einen feinen Filter in eine saubere Schale und lassen das Wasser verdunsten. Hierzu können Sie im Winter die Schale auf eine Heizung stellen, im Sommer genügt ein sicherer Platz an der Sonne. Gerne dürfen Sie den Vorgang auch mit einem zarten Anwärmen auf der niedrigsten Stufe einer Kochplatte unterstützen. Die Flüssigkeit soll aber langsam verdunsten und darf nicht sprudeln oder spritzen.[8]

7 Sie erinnern sich sicher an das erste Kapitel zur Destillation von Wasser.

8 Wir wissen ja schon, dass alchemistische Prozesse mitunter etwas Zeit benötigen. Ist Ihnen dabei langweilig? Nach einer leicht abgewandelten buddhistischen Lehre sollte man es dann noch einmal tun, und wenn es immer noch langweilig erscheint, ein weiteres Mal. Und wieder. Und wieder. Bis man merkt, dass es nicht langweilig ist.

Ist das Wasser restlos verdunstet, wird der gereinigte Körper unserer Pflanze als weißes Salz am Boden der Schale sichtbar. Dieses Salz kratzen wir vorsichtig heraus und geben es ebenfalls in ein dicht schließendes Glas zu Geist und Seele. Wir haben eine Pflanze komplett in ihre philosophischen Bestandteile zerlegt und sind bereit, diese wieder zusammenzufügen.

Körper, Geist und Seele ...

Ich möchte an dieser Stelle noch kurz erwähnen, dass die Spagyrik wesentlich mehr umfasst als diesen Prozess des Teilens und Wiederzusammenfügens. Es sind auch nicht alle Vorgehensweisen so kompliziert. Bei einer spagyrischen Tinktur beispielsweise wird die Pflanze direkt mit einem Weingeist aufgegossen und darf dann zuerst mehrere Wochen mazerieren. Hier lösen sich die enthaltenen ätherischen Öle direkt im Alkohol, Geist und Seele werden nicht getrennt, sondern gemeinsam abgefiltert, die Pflanzenreste eingeäschert, die Salze gelöst und wieder dazugegeben. Die Tinktur ist ein sehr abgekürztes Verfahren mit immer noch hoher Wirkkraft.

Die Alchemie kann mehr ...

Beim Mazerieren am sonnigen Fenster entsteht ein eigener Kreislauf aus Verdunstung, aufsteigender Wärme und Zurückrinnen.

*Das Labor im Aroma-
museum in Buchenau*

Spagyrische Essenzen werden immer destilliert, aber es gibt einige kürzere Wege als den vorher beschriebenen. Beispielsweise können die Pflanzen direkt vergoren und destilliert werden, auch ohne dass man vorher die Seele einzeln abtrennt. Oder man kann eine Tinktur destillieren, wie schon angesprochen, was wieder zu einem anderen Ergebnis führt. So oder so, wir wissen aus dem Kapitel mit den ätherischen Ölen, dass diese sich in Alkohol auflösen und später nicht mehr abtrennen lassen. Die gekürzten Methoden trennen nicht den Geist von der Seele. Bei der Tinktur in Alkohol wird sogar ein anderer Geist (Weingeist) zugefügt. Auch wenn bei den abgekürzten Varianten trotzdem stark wirkende Essenzen hergestellt werden können, ich bin der Meinung, wenn schon – denn schon ...

Spagyrische Abkürzungen für schnellere Ergebnisse

Vollendete Kunst entsteht, wenn der Destillateur nicht nur die technischen Prozesse kennt, sondern mit ganzem Herzen bei der Sache ist. Manche Dinge muss man fühlen. Dann weiß man, wie man sie vollendet. Sicher werden Sie bald aus dem Bauch heraus entscheiden können, für welche Anwendung und welche Pflanze Sie „nur" eine Tinktur bereiten, welche Sie destillieren und welche Sie komplett spagyrisch erhöhen möchten. Wie ein früherer Geigenbauer, der schon am Holz hören konnte, ob es für die Geige geeignet ist, oder wie ein keltischer Krieger, der sich seinen Bogen schnitzt, oder eben wie ein Meister an der Destille.

Alchemistische Kunst? Destillieren mit dem Herzen ...

Wir stellen unsere spagyrische Essenz fertig, indem wir den Geist auf den Körper gießen, um ihn zu beleben. Die Salze lösen sich leicht in dem Alkohol auf und wir können unserer Essenz direkt darauf die Seele einhauchen, indem wir die ätherischen Öle dazugeben und das Ganze wieder gut miteinander vermengen. Eine auf diese Art gewonnene spagyrische Essenz ist höchst wirkungsvoll und wenn wir gut gearbeitet haben, auch sehr lange haltbar. Der betriebene Aufwand lohnt sich also, weil schon wenige Tropfen in der Anwendung genügen und Sie Ihre selbst hergestellten Essenzen gut aufbewahren können.

Kai Möller im „Musée de l'Alambic" in Saint-Désirat, Frankreich

Auf Ertrag optimierte Alquitara-Destille für ätherische Öle (Dank an R. Pühringer)

Schlusswort & Empfehlungen

Liebe Freunde der Destillation, ich hoffe sehr, Sie mit diesem Ausflug in „meine" Welt der Destillation nicht gelangweilt zu haben. Zunächst würde ich mich natürlich freuen, wenn Sie auch mein Buch „Destillatio" lesen möchten. Es war mir ein Anliegen, den Sinn und Unsinn im Bereich der Destillation etwas zu hinterfragen und die einzelnen Bereiche, Möglichkeiten und Zusammenhänge aufzuzeigen – vor allem in den Bereichen, in denen man zu Hause auch tatsächliche Ergebnisse erzielen kann.

Trotz der teilweise zu strengen Gesetzgebung rund um den Besitz und die Benutzung einer Destille im Hobbybereich ist es doch relativ viel, was man im legalen Rahmen tun kann. Ich wollte Ihnen hiermit die Möglichkeiten darlegen. Zum Destillieren im Hobbybereich bedarf es keiner technischen Schritt-für-Schritt-Anleitungen, sondern neben ein wenig Grundlagenwissen vor allem der Entschlossenheit und Tatkraft. Ich freue mich, wenn es mir gelungen ist, das Tun etwas schmackhafter und vielseitiger zu gestalten oder zum Grundwissen beizutragen.

Am Ende des Buches habe ich Ihnen die wichtigsten Grundlagen noch einmal als „Praktische Tipps" zusammengefasst. Außerdem empfehle ich Ihnen noch einige weiterführende Bücher, damit Sie sich schneller mit der Materie vertraut machen können.

Buchempfehlungen

Im Bereich der Alkoholdestillation bietet der Markt viele wertvolle Bücher mit unterschiedlichen Inhalten und Schwerpunkten. Wenn Sie sich mehr mit den technischen Hintergründen der Alkoholdestillation auseinandersetzen möchten, dann empfehle ich Ihnen zuerst das Buch „Schnapsbrennen" von Herrn Pischl vom Stocker Verlag.

Wenn Sie gerne genauer wissen möchten, wie man am besten welche Frucht einmaischen und destillieren kann, dann wäre das Buch „Von der Frucht zum Destillat" ein echter Geheimtipp. Für den Hobbybereich kann ich auch das Buch von Herrn Schmickl „Schnapsbrennen als Hobby" weiterempfehlen, vor allem wenn Sie mit einer der kleineren „Hobby"-Destillen destillieren. Das Buch bietet einige nachahmenswerte Rezepte und nützliche Anregungen.

Im Bereich der ätherischen Öle und Hydrolate wird die Auswahl deutlich kleiner, dafür sind eigentlich alle Bücher aus dem Bereich lesenswert. Die drei existierenden Hydrolat-Bücher von Susanne Fischer-Rizzi („Das große Buch der Pflanzenwässer"), Eliane Zimmermann („Hydrolate") oder von Ingrid Kleindienst-John („Hydrolate") kann ich allesamt mit gutem Gewissen weiterempfehlen. Leider wird in allen drei Büchern nicht wirklich viel über das Destillieren, sondern eher über die Anwendung der einzelnen Hydrolate gesagt.

Zum Thema „ätherische Öle destillieren" selbst gibt es leider nur das Buch „Ätherische Öle selbst herstellen" von Herrn Schmickl und Frau Malle, dass Ihnen zeigen kann, wie man ätherische Öle für den Hobbybereich selbst herstellen kann. Ich hoffe, hier konnte dieses Buch ein wenig weiterhelfen und die Lücke füllen. Ich arbeite an einem ausführlichen Buch speziell zu den ätherischen Ölen mit genauen Angaben und Rezepten, benötige aber sicher noch mehrere Jahre, bis es endlich so weit ist.

Darüber hinaus gibt es sehr viele Bücher zum Thema Aromatherapie oder zur Anwendung der ätherischen Öle. Hier fällt es mit deutlich schwerer, Empfehlungen auszusprechen. Wenn Sie sich aber an Susanne Fischer-Rizzi („Das große Buch der Aromatherapie") oder Axel Meyer („Lexikon der Düfte") halten, sind Sie sicher gut beraten. Zusätzlich zum Lesen von Büchern können Sie auch eventuell das eine oder andere Seminar im Bereich der Duftheilkunde oder Aromatherapie besuchen und direkt in der Praxis lernen.

Die Spagyrik ist ein eigenes Thema mit nur wenigen guten Büchern, die leider auch nicht mehr lieferbar sind. Spätestens hier kann sich der Weg in ein Antiquariat oder die Suche bei Ebay schnell lohnen. Das sehr empfehlenswerte „Handbuch der Pflanzenalchemie" von Manfred M. Junius wird heute schon in der Taschenbuchausgabe für rund 100 Euro gehandelt. Das ebenfalls lesenswerte Buch „Löwe und Phönix" von Daniel Hornfisher geht teilweise sogar auf über 200 Euro. Leider kann ich hier keine anderen Empfehlungen aussprechen. Die Verlage sind nicht bereit, diese Bücher neu aufzulegen.

Der Weg in frühere Zeiten ist bei Büchern aber insgesamt empfehlenswert. Falls Sie sich wirklich intensiver mit der Destillatio auseinandersetzen möchten, würde ich Ihnen auch noch das Buch „Trinkbranntweine und Liköre" von Hermann Wüstenfeld empfehlen. Außerdem lohnt sich schnell die Anschaffung eines Tablet-Computers. Google bietet unter „Play Books" sehr viele wirklich lesenswerte historische Bücher zum kostenlosen Download auf Tablet oder Computer an.

MEIN TIPP

Das „Illustrirtes Recept-handbuch der praktischen Destillation für Industrie, Land- und Hauswirthschaft" von 1863. Hier verschmelzen die Erfahrungen und Notizen der früheren Epochen mit unserer modernen Technik und ermöglichen uns fantastische Freiheiten. Ich denke, man sollte aus allen Zeiten das „Gute" wählen und dazu gehört auch die Möglichkeit, die „Destillierbücher" des Hieronymus Brunschwig auf dem Smartphone dabei zu haben und frei durchstöbern zu können. Eine Möglichkeit, die vor zehn Jahren noch undenkbar gewesen wäre.

So oder so, ich wünsche Ihnen viel Spaß und Erfolg bei allen Destillationen,

Ihr Kai-Uwe Walter Möller

Praktische Tipps

Füllmengen: Füllen Sie Ihren Brennkessel nicht zu hoch, um ein Überkochen zu vermeiden. Die ideale Füllmenge liegt bei zwei Dritteln bis zu maximal drei Vierteln. Bei der Destillation von ätherischen Ölen genügt es oft, den Kessel nur zur Hälfte mit Wasser zu befüllen.

Trockene Destillation: Wenn Sie trocken destillieren, vergewissern Sie sich, dass Ihre Destille den hohen Temperaturen auch standhält. In der Regel sollte man darauf achten, den Kessel nicht trocken oder leer aufzuheizen. Vor allem kupferne Destillen müssen immer mit Flüssigkeit befüllt werden, weil das Kupfer sonst spröde werden und aufreißen könnte. Aber auch bei Destillen aus anderen Materialien ist trockenes Erhitzen meistens nicht möglich. Bei einer Destille aus Glas oder Keramik sind Temperaturwechsel schwierig. Geben Sie möglichst niemals kaltes Wasser auf oder in eine heiße Glas- oder Keramikdestille.

Abdichten: Rechnen Sie damit, vor und während der Destillation die Destille eventuell abdichten zu müssen. Bei Laborgeräten verwenden Sie ein spezielles Schlifffett, bei traditionellen Anlagen eine Paste aus Roggen- oder vorher geröstetem Weizenmehl und Wasser. Einige Brenner schwören auf feinen Ton oder praktische Gipsbandagen, die Mehlpaste bleibt aber elastischer. Wenn Ihnen das alles zu viel Gepansche ist, dann dürfen Sie bei kleineren Anlagen auch die moderne Variante nutzen und die kritischen Stellen einfach von außen mit Teflonband umwickeln.

Kühlung: Denken Sie schon vor dem Anheizen Ihrer Destille an eine ausreichende Kühlung. Je nach Bauart und Größe sollten Sie einen richtigen Kühlwasserkreislauf anschließen und regulieren können. Die Qualität ätherischer Öle leidet bei zu geringer Kühlung. Alkohol sollte mit etwa 20 °C aus dem Kühler rinnen. Bei kleineren Destillen kann man gut mit einer kleinen Pumpe in einem Wassereimer arbeiten und entsprechende Mengen an Kühlwasser durch den Kühler fließen lassen. Alternativ besteht die Möglichkeit, den Kühlerinhalt durch die Zugabe von Eis weiter abzukühlen. Auch wenn Sie mit Eis kühlen, Ihr Kühler sollte einen Überlauf haben und Sie sollten sich rechtzeitig Gedanken darüber machen, wohin Sie das heiße Wasser ableiten. Bei geschlossenen Kühlern, wie etwa einem Röhrenkühler, kann man Wasser meistens einfach hindurchpumpen. Die Leistung der Pumpe spielt dabei weniger eine Rolle. Spätestens wenn das gesamte System aus Schläuchen voller Wasser ist, kann man auch höhere Pumpintervalle erreichen, als es der Pumpe normalerweise möglich wäre. Beim Pumpen in ein offenes Kühlsystem, wie beispielsweise einen Schlangenkühler, müssen Sie die Förderleistung Ihrer Pumpe beachten und kontrollieren, ob die Pumpe wirklich ausreichend frisches Wasser nachpumpt. Zugleich darf die Pumpe nicht schneller pumpen, als das Wasser wieder ablaufen kann. Es empfiehlt sich deswegen schon beim Aufbau einer Destille, auf eine funktionierende Kühlung zu achten und eventuelle Schläuche und Zuleitungen sinnvoll und sicher zu verlegen.

Aufbau: Beim Aufbau Ihrer Destille sollten Sie auf Sicherheit achten. Zu den Laborgeräten gehören passende Stative, die Sie auch verwenden sollten. Tischdestillen werden meistens mit passenden Ständern geliefert. Bei anderen Destillen, vor allem bei den kleineren Varianten, empfiehlt es sich, eventuelle Zuleitungen für Kühlwasser oder Kabel sicher zu befestigen. Ideal ist es hierzu, immer einige Kabelbinder oder etwas Draht parat zu halten. Und natürlich haben tobende Kinder oder Tiere nach Möglichkeit der Destille fernzubleiben. Halten Sie sich immer die Gefahr vor Augen. Beim Destillieren arbeiten wir mit Druck, Hitze und brennbaren Materialien!

Haltbarkeit: Bei der Alkoholdestillation sollte es keine Probleme mit der Haltbarkeit geben. Alkohol mit ausreichend hoher Volumenprozentzahl vernichtet zuverlässig alle Keime und Bakterien. Ab 35 bis 40 Vol.-% kann man schon von unbegrenzter Haltbarkeit sprechen, auch wenn Aromen oder Farben verblassen. Insgesamt sagt man, dass man einen weniger guten Obstbrand schneller trinken sollte, dass die Aromen aus einem edlen Brand sich aber erst nach einigen Wochen richtig ausbilden und dann sehr lange erhalten bleiben.

Hydrolate und ätherische Öle sind länger haltbar, wenn sie in einer Kupferdestille hergestellt werden, da Kupfer antibakteriell wirkt. Danach sollten Sie Ihre Hydrolate in dunklen Fläschchen kühl stellen. Hydrolate sind leichter verderblich und sollten deswegen sorgfältig behandelt werden.

Ätherische Öle sind ein bis zwei Jahre lang haltbar, können aufgrund ihrer Eigenschaften aber leicht verdunsten. In vielen Fällen empfiehlt es sich, ätherische Öle wegen der besseren Haltbar- und Dosierbarkeit mit bis zu vier Teilen Alkohol zu vermischen.
Alles in allem sind die herausdestillierten Wasser, Öle und auch der Alkohol zuerst einmal durch die Destillation hoch erhitzt, also weitgehend sterilisiert, und bieten daher die beste Grundvoraussetzung zu einer langen Haltbarkeit. Wie bei Lebensmitteln sollten Sie darauf achten, nicht durch unsaubere Behälter, Löffel oder anderes Werkzeug erst die Bakterien einzubringen.

Hitze: Alle Bauteile Ihrer Destille, der Brenner und auch das Kühlwasser werden heiß. Teilweise sogar sehr heiß! Denken Sie bitte daran. Mitunter müssen Sie die heißen Teile anfassen. Halten Sie immer einige Tücher oder Topflappen griffbereit, damit Sie bei Bedarf eingreifen können.

Branntweinmonopol und Gesetze

Mit einer 0,5-Liter-Destille dürfen Sie in Deutschland legal destillieren.

In **Deutschland** dürfen Sie als Privatperson mit einer Destille bis zu maximal 0,5 Liter Größe destillieren. Größere Destillen bis einschließlich fünf Liter sind nur in ganz wenigen Fällen mit einer gewerblichen Ausnahmegenehmigung erlaubt. Als Gewerbetreibender in Deutschland müssen Sie den Besitz und den Erwerb einer Destille beim Zoll genehmigen lassen, in der Regel muss eine gewerbliche Destille größer als fünf Liter sein. Aus unserer Erfahrung heraus wissen wir leider, dass die einzelnen Stellen extrem unterschiedlich mit Zulassungen umgehen. Man kommt in Versuchung, von „behördlicher Willkür" zu sprechen. Uns sind in Deutschland Fälle bekannt, bei denen Gewerbetreibende, sogar Apotheken, die Erlaubnis nicht zugeteilt bekommen haben, während es bei anderen Zollämtern Ausnahmen sogar entgegen geltendem Recht gibt. Es liegt tatsächlich am einzelnen Beamten und daran, wie dieser und seine übergeordnete Behörde das Gesetz interpretieren. Wenn Sie mit einer größeren Destille destillieren möchten, fragen Sie einfach den für Ihre Region zuständigen Zollbeamten, vielleicht haben Sie ja Glück und er ist Ihrem Vorhaben gegenüber wohlgesonnen. Übrigens wird sich das deutsche Branntweinmonopol ab 2018 in das neue Alkoholsteuergesetz wandeln. Für Hobbybrenner wird sich dadurch leider kaum etwas ändern. Wenn Sie aber ernsthaft destillieren möchten und das auch offiziell begründen können, dann wird es relativ einfach sein, ein offizielles Brennrecht zu erhalten.

„Ausnahmen bestehen für Geräte, die in öffentlichen Lehr-, Forschungs- und Krankenanstalten ausschließlich wissenschaftlichen Zwecken und die in Apotheken ausschließlich dem Apothekenbetrieb dienen. Diese sind von der Anmeldung und der amtlichen Überwachung befreit, wenn nicht das Hauptzollamt die Anmeldung und amtliche Überwachung anordnet." (www.zoll.de)

In **Österreich** ist man dem Destillieren gegenüber glücklicherweise deutlich aufgeschlossener. Sie dürfen privat und völlig legal mit einer Anlage von bis zu 2-Liter-Brennkesseln arbeiten. Darüber hinaus sind uns bislang keine Fälle bekannt, bei denen jemand wegen einer etwas größeren Destille ernsthaften Ärger bekommen hätte. Ansonsten ist das Branntweinmonopol aus Österreich dem deutschen sehr ähnlich, größere Anlagen unterliegen der Meldepflicht und sollten bei den entsprechenden Behörden gemeldet werden.

Eine 2-Liter-Destille dürfen Sie in Österreich verwenden …

Die **Schweiz** ist noch großzügiger, denn als Schweizer dürfen Sie eine Destille mit einem Brennkessel bis zu drei Liter besitzen und zur Herstellung ätherischer Öle verwenden. Bitte beachten Sie diesen kleinen, aber feinen Unterschied. Die Schweiz erlaubt nicht die Alkoholdestillation im Hobbybereich! In der Realität ist man aber auch in der Schweiz sehr freundlich und tolerant und uns sind keine Fälle bekannt, bei denen jemand Ärger wegen einer 3-Liter-Destille in Verbindung mit Alkohol bekommen hat. Im Gegensatz zu Österreich oder Deutschland scheint die Schweiz auch bei größeren Destillen relativ großzügig mit Ausnahmegenehmigungen zu verfahren.

… und in der Schweiz sogar Destillen mit drei Litern Inhalt!

Originell: Fahrbare Destille zum hygienischen Dämpfen von Bettwäsche. Ausstellungsstück im „Musée de l'Alambic" in Saint-Désirat, Frankreich.

Danksagung

Mein erster Dank geht an Sie, meine geschätzten Leser, dafür, dass Sie dieses Buch gekauft haben und sich für die Destillation interessieren. Ich würde mich sehr freuen, wenn wir gemeinsam dazu beitragen könnten, die Gesetze rund um die Destillation etwas aufzuweichen und lockerer mit dem Thema umzugehen. Vielleicht dürfen wir dann sogar eines Tages einmal gemeinsam destilleren.

Eigentlich möchte ich mich aber hauptsächlich bei meinem großartigen Destillatio-Team bedanken. Vor allem Christiane, Annika, Ralf, Jana und Rodrigue haben mich während meiner Schreib- und Recherchearbeit großartig unterstützt und mir den nötigen Freiraum verschafft, ohne den ich das Buch nicht hätte schreiben können.

Ein zweiter extra großer Dank geht aus demselben Grund an meine arme Familie. Vor allem an meine Frau Cosima und meinen Sohn Joshua. Beide haben mir fantastisch den Rücken freigehalten, während ich eingeschlossen in meinem Dachkämmerchen geschrieben und recherchiert habe. Vielen Dank auch an Darius und Maribel, unsere Nesthäkchen, für die ich jetzt hoffentlich wieder mehr Zeit übrig haben werde.

Ein weiteres Dankeschön geht an Jeannette für die Grafiken aus diesem Buch. Es war nicht immer einfach, so manches Bild wurde mehrfach überarbeitet und Jeannette musste sich dabei „zwangsweise" eingehend mit der Destillation beschäftigen.

Vielen Dank auch an das Freilandmuseum Fladungen und Brennmeister Michael Weber dafür, dass ich während einer Destillation mit der historischen Brennerei fotografieren und die Bilder für dieses Buch verwenden durfte. Und weil wir schon bei den Bildrechten sind, möchte ich mich auch bei Katja Meier, Walter Fey und J. R., dem Dänischen Freilandmuseum „Den Gamble By", der Nordhäuser Traditionsbrennerei, der Maienfelser Naturkosmetik und dem Schwäbischen Schnapsmuseum für die freundliche Überlassung der Bildrechte oder die Erlaubnis, meine eigenen Bilder verwenden zu dürfen, bedanken.

Danke auch an Herrn Koiner und Herrn Pollhammer aus dem Leopold Stocker Verlag, die nach der Lektüre meines ersten Buches „Destillatio" an mich glaubten und mir dieses zweite Buch ermöglichten. Danke vor allem auch dafür, dass sie geduldig bis zur Fertigstellung des Manuskriptes warten konnten.

Zu guter Letzt möchte ich mich noch bei allen Destillateuren bedanken, die vor mir destillierten und mir auf meinem Weg als Vorbilder dienen konnten. Ich denke, ein frühmittelalterlicher Wissenschaftler oder Alchemist hatte es deutlich schwerer. Auch wenn die Gesetze heute eher gegen uns sprechen, werden wir wenigstens nicht gleich auf den Scheiterhaufen gebunden. Danke dafür, dass ich auf dieses früher erworbene Wissen zurückgreifen konnte.

Stattliche Whiskydestille aus Kupfer in der japanischen Suntory-Destillerie.

Aus unserem Programm

ISBN 978-3-7020-1556-5

ISBN 978-3-7020-1945-7

ISBN 978-3-7020-1925-9

ISBN 978-3-7020-1810-8